시조집

감자의 꿈

유 성 철 (劉性喆)

이서원

감자의 꿈

시인의 말

맑아도 되는 곳이 글쓰기 세상이라
문맥의 가름마로 묵묵히 길을 걸어
오늘도 꾸밈이 없는 소년 하나 찾는다.

행간을 채울 여백 아리게 남아 있어
독백의 그림 위에 날마다 시(詩)를 밝혀
한밤중 사색을 깨운 글귀 하나 채운다.

원주 문막 동화리에서
유 성 철

차례

시인의 말

제1부
두루 피는 동네

몽돌의 파도 / 15
나의 길을 걸으며 / 16
나중에 그린 눈(眼) / 17
솔개를 날리며 / 18
푸른 봄 / 19
섬강 아침 / 20
봄 기지개 / 21
봄볕 꽃길에서 / 22
게으름 / 23
하루의 게으름에 / 24
자기 찾기 / 25
정체(正體) / 26
부채 / 27
별들의 답장 / 28
체험학습 / 29
안개가 떨구면 / 30
시래기 보살 / 31
하얀 이별의 춤사위 / 32
부재중 전화 / 33
빈 수레 / 34

제2부

자연은 항상 팔 벌리고 있다

탁자 위 모과를 보고 / 39
봄꿈 / 40
씨앗의 시작 / 41
개벽(開闢) / 42
참꽃 내려와 / 43
능수벚꽃 / 44
이슬의 마음 / 45
한풀이 / 46
거미줄 음반 / 47
개똥벌레 / 48
참기생꽃 / 49
다저녁 가을은 / 50
가을빛 연정 / 51
코스모스 춤사위 / 52
건밤의 허기 / 53
길냥이의 눈 내린 밤 / 54
대나무가 운다 / 55
숯눈길에서 / 56
담쟁이의 면벽(面壁) / 57
무지(無知) / 58

제3부
정(情), 끊을 수 없는 연(緣)이여

해변의 동행 / 63
반구대 암각화(盤龜臺 岩刻畵) / 64
바다로 쓴 연서(戀書) / 65
처음이란 이유로 / 66
진주(眞珠) / 67
가슴 그대로 / 68
그대 마음 / 69
포옹 / 70
솜사탕 / 71
항아(姮娥)의 꽃망울, 매화 / 72
하늘에 숨겨 둔 편지 / 73
눈(雪)이 가슴에 쌓여 / 74
빈 일기장에서 / 75
책장의 여인들 / 76
낙엽 / 77
엄마의 꼭두새벽 / 78
색동 무지개 / 79
솜꽃 누나 / 80
그림자 / 81
친구를 보내는 밤 / 82

제4부
내일이 항상 오는 것은 아니다

주름살 / 87
돼지의 마지막 하늘 / 88
솟대의 세월 / 89
얼음꽃 / 90
달이 보낸 전갈(傳喝) / 91
땅바닥 / 92
광장시장에서 / 93
죽추(竹秋)의 봄 / 94
수학의 폐단(弊端) / 95
성숙(成熟)의 시간 / 96
반추(反芻) / 97
마지막 종이거울의 미소 / 98
꺼진 효심 / 99
올빼미의 대리운전 / 100
재(燼) / 101
야학(夜學)의 달밤 / 102
욕심 한 줌의 블랙홀 / 103
참새 소리를 들으며 / 104
봄꿈을 글로 엮다가 / 105
그대라는 인생으로 / 106

제5부

길에게 묻는다, 어디로 가냐고

청춘의 소금꽃 / 111
고인돌을 보며 / 112
정선 상유재(桑惟齋)에서 / 113
홍성 안회당(安懷堂)에서 / 114
지리산 아다무락소나무에서 / 115
쌀개미의 노을 / 116
금동미륵보살반가사유상 / 117
울돌목에서 / 118
백두산 천지폭포의 눈물 / 119
해파랑길에서 / 120
  1. 부산구간 / 120
  2. 울산구간 / 122
  3. 경주구간 / 125
  4. 포항구간 / 127
  5. 영덕구간 / 130
  6. 울진구간 / 133
  7. 동해,삼척구간 / 136
  8. 강릉구간 / 140
  9. 속초,양양구간 / 143
  10. 고성구간 / 146
귀로(歸路) / 149

평설 / 151

제1부
두루 피는 동네

몽돌의 파도

모가 난 몽돌 하나
햇살에 가슴 달궈

검불밭 티끌 찾아
구석구석 눈살핀다.

아직도 최고의 파도는
다가오지 않아서.

나의 길을 걸으며

가슴을 긁어내는 반백 년이 걸어 나와
무심히 제 족쇄에 발이 걸려 울었어도
고개를 꼿꼿이 세운다, 햇살 향해 내일로.

다르게 디딘 발도 같은 길로 가고 있어
주변과 어울려서 난 대로 살아간다.
잘못된 단추는 풀어 하나하나 채운다.

차디찬 하룻길을 다독여 데워 가며
옹골진 속을 채워 스스로 여물어서
한 줄기 즐거움으로 나의 길을 걷는다.

나중에 그린 눈(眼)

백옥반 우리 아기
웃는 얼굴 그린다고

눈 먼저 그렸더니
자꾸 말을 걸어온다.

눈 감아 재우고서야
달덩어리 그리네.

솔개*를 날리며

언덕이 살랑이면 어린 마음 부풀어서
품 들여 만든 연을 하늘 날듯 들고 나가
연자새** 놨다 감았다 쇠로기*를 날린다.

가로지른 귓달 위에 꽁숫달 긋어내려
허릿달 가느소롬 눈썹 끝에 맵시 주면
굵다란 머릿달 잡아 날개 차며 오른다.

얼레를 잡아당겨 한해 복을 끌어오고
일 술술 풀리라고 연실을 늦춰주며
청심(淸心)을 바람에 띄워 하늘 높이 보낸다.

* 연(鳶)
** 얼레

푸른 봄

바람에 몸을 씻어
햇살에 말려 놓고

하늘로 마음 띄워
구름 위 펼쳐 널면

푸른 꿈 살아 움터서
온 세상을 보듬네.

섬강 아침

산허리 타고 흐른 뽀오얀 물안개에
조리친* 섬강 따라 산그늘 줄을 서면
바람이 문안(問安)을 들어
아침 창을 두드린다.

따사로운 햇병아리 속살대는 햇살 아래
벚 가지 나팔지고 새소리도 완연해져
밭두렁 나물 캐는 아낙
봄 손끝이 옹골차다.

* 졸음이 올 때 잠깐 졸고 깨는

봄 기지개

새벽녘 걸음으로 깨어나는 봄 기지개
뿌리로 내려앉아 새 하루를 시작한다.
오늘도 생명 바구니 또 얼마나 피워낼까.

감미로 흘러드는 햇살을 살폿 담아
가다룬* 앞 밭골이 아침을 드러낸다.
새로이 돋아난 꿈이 새순 끝에 푸르르다.

* 갈아서 고르다

봄볕 꽃길에서

개울로 달려오는 달디단 숲 공기로
햇볕이 봄 앞세워 꽃이 오른 길을 걷자
희망이 발길 따라서 송이송이 서성인다.

산등선(山등線) 어우러진 새들의 춤사위에
훠얼훨 노랑나비 길섶을 따라나서
꽃송이 채운 자락에 벌을 만나 노닌다.

산으로 오른 만큼 하늘도 낮아져서
파래진 햇살 아래 꽃그늘 흥건해도
초록빛 둥근 맥박이 종소리로 울린다.

게으름

소나기 늦울음에
밭이 온통 풀밭이다.

낫 들고 갈까 말까,
잘라서 무엇하나.

뙤약볕 심지를 켜도
가을 와서 자를걸.

하루의 게으름에

햇살이 있던 자리 어둠이 모여들어
굴곡진 하루 노을 살그미 흩어진다.
새소리 밤을 적시며 계곡으로 숨는다.

적막이 떨어지는 어스름 골짜기로
바람도 엉클어져 소슬히 불어온다.
우르릉 천둥소리가 하루 늘보* 꾸짖는다.

* 행동이 느리거나 게으른 사람

자기 찾기

겨를철* 깨어나서 서두르지 말라 해도
시간을 되새김해 나를 찾아 나서는 길,
오늘은 혹시 만날까 바삐 마음 뒤진다.

* 농사일이 바쁘지 아니하여 겨를이 많은 때
  대개 벼농사 중심의 영농에서 추수 후부터 다음 모내기까지의 기간

정체(正體)

하루내 고단함을 어둠에 삭이고서
볕 돋는 밭고랑에 또다시 발을 놓네.
기어이 아침 나서는 이 걸음은 무얼까.

왼종일 매어봐도 마음밭 변함없어
땀 절어 지친 몸에 놀소리*만 흥건하네.
저물녘 훑어보아도 여전한 넌 누굴까.

* 젖먹이가 누워 입으로 내는 소리

부채

대오리* 쪽진 사이 숨어있던 숲바람이
쇠로기 날개 타고 땀방울을 쓰다듬어
대밭에 푸른 숨결로 한여름을 허문다.

* 가늘게 쪼갠 댓개비 조각

별들의 답장

어릴 적 뜬눈으로 밤하늘에 편지 쓰면
우주가 별빛으로 답장을 보내온다.
눈빛에 초롱이 서린
푸른 꿈을 보았다고.

저기 먼 우주 향해 부풀어 뛰던 꿈을
오늘도 반짝이는 초록별에 한껏 담아
지난날 그리움으로
아스라이 보낸다.

체험학습

고사리 손에 앉힌
호미가 놀러 왔다.

밭고랑 햇살 담긴
감자알이 방긋 웃자

감자꽃 진 지 언젠데
한밭으로 꽃이 핀다.

안개가 떨구면

천지가 김을 빼나, 등성마다 피는 안개
가을을 참지 못해 보슬보슬 흘러내려
산마루 타는 불길로 초목들이 일어선다.

봄 안개 죽 안개고, 가을 안개 밥 안개라*
안개를 가만 떨궈 서걱이는 밭고랑에
가냘픈 뻐꾸기 울음 어릿어릿 날린다.

돌무지 소원들도 우련히 내려앉아
노을 속 갈무리로 흔적 없이 사라진다.
달빛도 따르지 않는 저물녘이 검기운다.

*속담

시래기 보살

처마 끝 허공에서
보름달 시리도록

초겨울 찬바람에
수행 끝낸 몸 보살이

따스한 장국에 담겨
입김 속에 몸을 푼다.

하얀 이별의 춤사위

백지 위 차디차게 사각이는 이별 소리
새하얀 심장으로 뽀드득 나래 태워
순정에 손을 얹고서 살풀이를 하고 있다.

떠나는 사람이야 떠남마저 잊겠지만
남은 이 마음속엔 영원히 살아 있어
외로워 울지 말자고, 슬퍼하지 말자고.

부재중 전화

미로를 뛰어넘어
흘러나온 속삭임이

가을 녘 가슴속에
무지개만 새겨 놓고

아무 일
없었다는 듯이
허공으로 흩어진다.

빈 수레

바람만 쉬다가는 산기슭 들어앉아
생의 목 우뚝 세워 내일만 되작이다
구렁이 담을 넘듯이 또 하루가 지나간다.

우습기 짝이 없어 요란만 떨던 수레,
회한에 휘감기어 한숨짓는 세상에서
남겨진 새길을 향해 그 궤적을 새긴다.

옴팡지게 달려드는 허상의 기억 들고
흔적의 땅 기대어 지난날을 삼키면서
둥글게 세월을 갈아 새날 꿈을 그린다.

제2부

자연은 항상 팔 벌리고 있다

탁자 위 모과를 보고

비바람 버텨내며
살찌우던 지난날이

이승의 볕내 풀며
하늘길을 넘어간다.

너처럼 향기로울까,
해 저무는 내 끝도.

봄 꿈

도린곁* 바위짬**에
그림자 키를 재며

숨탄것 끌어올려
두남두어*** 뒷뿔치다****

끝내는 바스러져도
기대(期待)앉는 꿈이다.

* 사람이 별로 가지 않는 외진 곳
** 바위 사이
*** 감싸고 돌며.
**** 남의 밑에서 그 뒤를 거들어 도와주다가

씨앗의 시작

차디찬 어둠 속에
제 생을 뒤로한 채

뜨거운 생명으로
우주의 살을 발라

톨 하나 희망을 톺아*
나락으로 떨군다.

* 오르거나 내려오려고 매우 힘들게 더듬어

개벽(開闢)

밤사이 뭇별들이
초롱초롱 비추다가

이슬이 샛별 떨궈
촉촉이 흠는 찰나

설한을 견딘 꽃망울
앞가슴을 벙근다.

참꽃 내려와

햇살이 설핏 비쳐
촉초근한 안개치마

산 따라 내려와서
자오록이 옷섶 풀어

볼그레 다가선 참꽃
처녀 가슴 물들이네.

능수벗꽃

가지를 드리운 끝
물주름
닿을 듯 말 듯

햇살 핀 꽃잎 속살
그림자
떨굴 듯 말 듯

아흐레
굵은 물고기
유혹하고 서 있다.

이슬의 마음

그대의 곁을 떠나
가라 해도 갈 수 없어

눈물로 사연 굴려
아스라이 매달린다.

아무리 떼어 내려도
뗄 수 없는 순수로.

한풀이

아스라이 물 떨굴 듯
마알간 쪽빛 하늘

한여름 도라지가
가슴 째어 물감 푼다.

한(恨) 맺힌 에메랄드빛
하늘 향해 쏟아낸다.

거미줄 음반

온몸에 실금 뽑아 동그랗게 그린 음반,
별빛 얹은 이슬 위로 살포시 햇살 담아
새아침 어떤 소리로 이 가을을 울리려나.

개똥벌레

촉촉한 한여름 밤
빨간 놀도 검기울어

어스름 별 사이로
개똥벌레 왔다 갔다

뒤쫓던 어린 시절이
내 맘속을 뒤 훑네.

참기생꽃

지난밤 나를 품어
다시는 못 보시리,

새초롬 들녘 나와
단비 맞은 손 흔든다.

새하얀 소복을 하고
배웅 나온 꽃 처녀.

한 밤만, 한 밤만 더
하얗게 새우시라,

웅어리진 이슬 안아
실바람에 흐느낀다.

한뉘가 지나가도록
보고파서 설운 꽃.

다저녁 가을은

들꽃을 갈마꽂아
울긋불긋 치맛단에

복스레 구름 일어
속저고리 피어난다.

다저녁 부푸는 젖가슴
옷고름을 넘는다.

가을빛 연정

서릿발 돋치우던
적막을 솔솔 꿰어

붉으레 달군 사랑
주렁주렁 달아 놓아

온산에 싸지른 불로
가을 탄다, 화르르.

코스모스 춤사위

색색깔 치장하고
들에 모인 가시내들

구름이 지휘하는
햇살의 교향악에

한가을
바람 붙들고
왈츠춤이 한창이다.

건밤의 허기

가슴팍 멍이 들어 숨결이 아련해도
굳건히 피고 지며 견뎌내는 산마루로
저녁놀 붉게 차올라 사무치는 하루다.

노을을 앞에 두어 아직 날이 한창인데
허기로 울던 배만 밥상으로 달려들어
우러른 별빛 자국만 아득하니 눈 서린다.

흐릿한 구름 뒤로 시간을 되돌려서
먼지 쌓인 발걸음을 한밤에 풀어내어
어설피 때 묻은 별을 여울물에 씻는다.

길냥이의 눈 내린 밤

눈설레* 새 세상에
길 잃은 고양이가

구슬픈 목소리로
창가를 두드리다가

허기진 밤을 깨물며
지친 겨울 넘는다.

*눈이 내리면서 차가운 바람이 몰아치는

대나무가 운다

바람이 스치고 간
그리움 한 줄기가

가슴에 응어리져
마디마디 키우다가

간밤에 칼바람 만나
맺힌 한을 토해낸다.

숫눈길에서

한 시절 지난 자락
무위(無爲)로 허물 덮어

희디흰 그리움만
하염없이 사르다가

한겨울 적막을 풀어
가지런히 사라진다.

담쟁이의 면벽(面壁)

얼어든 벽을 기어 갈라진 손아귀로
불타던 가사(袈裟)마저 저생에 던져놓고
그림자 허공에 말라
무색(無色)으로 선정 드네.

마지막 부르튼 손 받쳐 든 담벼락에
앙상한 몸 비틀려 사리 된 뼈의 언어,
접어둔 말만 남아서
무언(無言)으로 전하네.

무지(無知)

계절은 늘 이렇게 알아서 꽃피워도
곁에서 살고 있는 우리는 볼 줄 몰라
길가에 피어나는 꽃 매번 거듭 새롭다.

세월 속 제 모습도 먼 곳에 있지 않아
곁으로 다가서는 아름다움 볼 줄 몰라
저물어 익는 향기가 노을인 줄 모른다.

제3부

정(情), 끊을 수 없는 연(緣)이여

해변의 동행

파도가 쓸고 지난
이른 아침 백사장에

한 줄로 남기고 간
누군가의 발자국을

내 마음 따라 걷는다,
그대 혼자 아니라고.

반구대 암각화(盤龜臺 岩刻畵)*

― 해파랑길 7구간 십리대숲에서

동해의 풍랑으로 너울지는 고래 떼가
태화강 비늘결로 쪽빛 일궈 밀려든다.
거북돌 아이 가슴에 고래 별이 잠긴다.

밤하늘 은하수가 십리대숲 넘실대자
흰고래 꿈틀대며 댓잎 따라 춤을 춘다.
아이는 지난밤 꿈을 반구대에 새긴다.

---

* 울산 언양읍 대곡리의 기암괴석으로, 마치 거북이가 넙죽 엎드린 형상이라 하여 반구대(盤龜臺)라 한다. 이곳에 새겨진 선사시대 암각화(岩刻畵)는 수렵생활과 관련된 소나 호랑이, 표범, 사슴 등 육지 생물들의 모습도 보이지만, 가장 많이 보이는 것은 고래다. 원시적 벽화임에도 고래에 대하여 세밀하게 묘사하여 인류가 수천 년부터 고래잡이를 했다는 인류 최초의 기록이며, 우리나라 국보로 지정된 최초의 미술작품이자 대표 역사관광자원이다.

바다로 쓴 연서(戀書)

바다가 곱게 갈아 펼쳐 놓은 편지지에
농게가 걸어 나와 숨긴 정(情) 토해내면
파도가 금세 읽고서 남 볼세라 지운다.

처음이란 이유로

기억은 첫 순간을 시작으로 붙잡아서
추억에 비춰보면 다르게 보이는 게
무조건 행복한 거지, 처음이란 이유로.

진짜로 소중한 건 눈으로는 뵈질 않아
봄날이 서자마자 꽃 피어 바로 지듯
마음씨 착한 사람만 서둘러서 떠난다.

처음인 그리움은 시작으로 영원한데
첫정을 털고 가는 그대는 가벼운가.
처음은 너무 아프다, 안다는 게 아프다.

진주(眞珠)

밤새 울던 모래알이
살 속을 파고들다

눈물로 얼어붙어
무르익은 열린상처*

둥그레 부부를 감싸
사랑으로 빛나네.

* (의학) 피부나 점막이 찢어져서 상처가 겉으로 나와 있는 것.

가슴 그대로

보름에 별 매달아 그대를 낚아 올려
첫날밤 애동대동 살포시 끌어안아
하나된 연(緣)을 이어서 그대 사랑 깨닫네.

한 이불 맺은 인연 둔한 세월 더께 쌓여
설레던 가슴마저 길들어져 뭉툭해도
여전히 뼈 사무치는 그리움이 따숩다.

그대 마음

꼬리에 꼬리 무는
그대를 풀어내려

밤새껏 두드리며
별빛으로 부친 편지,

여전히 가슴 시린 건
답장 없는 그리움.

포옹

따뜻한 감촉으로 허물어진 입술 건너
설레는 심장 하나 떨림으로 다가와서
활짝 연 가슴 문턱에 모닥검불 타오르네.

떨굴 수 없는 향내 그만 숨이 멎어 들어
무수한 그대 별이 제 가슴에 떨굽니다.
그대의 가슴안에는 별이 이리 많았나요.

솜사탕

부푸는 뭉게구름
몽그는 마음 담아

촌촌이 한 올 한 올
임 입술 펼쳐 널어

두둥실 풀어진 솔기로
아름 덮어 안으리.

항아(姮娥)의 꽃망울, 매화

새코롬 봄바람에 야윈 달 꽃을 틔워
달빛을 그러안은 항아(姮娥)의 눈망울이
한밤에 속을 끓이며
향기 서려 다가선다.

꽃잎을 포개어서 옴츠린 봉오리가
이슬을 털어내며 몸 마르길 기다린다.
살짜기 봄 문턱 걸친
꽃 입술이 볼그스레.

살뜰히 앞섶 여민 저고리 속 비칠 듯 말 듯
꽃망울 망사 비단 사부자기 나풀거려
가지 끝 터진 정열이
홀로 봄불 피운다.

하늘에 숨겨 둔 편지

어린 밤 노닐다가
별에 새긴 하얀 꿈과

평생을 고쳐 쓰는
달에 묻은 사랑 편지

오늘도 꺼내보고서
슬그머니 덮는다.

눈(雪)이 가슴에 쌓여

이별도 말하기 전 사라져 간 임이여,
시간에 묻어버린 그날을 비집고서
바람은 마른 빗질로 빈 가슴을 씁니다.

어디서 지난 기억 새하얗게 지워질까,
결벽의 몸짓으로 날리는 별꽃에서
눈물로 빛나는 영혼 여태까지 봅니다.

가지등 하얀 소리 슬며시 메아리쳐
한 줌의 추억으로 흰 꽃송이 피워내자
함박꽃 빠알간 가슴 아스라이 비칩니다.

빈 일기장에서

가슴을 열어젖힌
빛바랜 일기장에

동그란 눈동자가
여백으로 앉은 자리,

이제야 추억을 풀어
속마음을 채운다.

책장의 여인들

빼꼼히 얼굴 내민 여인들 책장 가득
가슴을 들춰보면 지난날 있다면서
옛정을 내어 달라고 낡은 마음 헤집는다.

무심히 스친 시간 허물어진 살갗에도
설레어 안아 들던 내 글귀는 그대론데
그날에 애끓던 정열 이젠 없냐 묻는다.

낙엽

끝까지 온몸으로 부둥켜 덮고 있다.
모든 걸 주고 나서 말라가는 저 고운 빛,
평생을 하나만 아셨던
마지막 꼭 당신 모습.

엄마의 꼭두새벽

옷깃이 얼어붙는 한겨울 한기에도
부엌간 어른대는 뼈마디 거북 손등,
결빙을 푸는 가슴에 시린 달이 숙어 든다.

더디게 찾아드는 해그늘 한 켠으로
장독대 숨은 기척 서릿발 더듬대며
어둠을 무릅쓴 정이 하얀 온기 지핀다.

철부지 자식들이 둘러앉은 밥상 앞엔
산득이 손발 에던 찬 바람 간데없고
미소만 두 눈에 앉아 눈꽃 피어 떨군다.

색동 무지개

비 내린 중천으로
누님이 마실 나와

궂은 비 그쳤다고
훌훌 털고 나가자며

열두 폭 색동 치마를
활짝 펼쳐 앞선다.

솜꽃 누나

한밤중 종이창에 달빛이 가득해도
목화솜 광주리에 물레 소리 가득하다.
씨앗을 자아내는 손
잠을 쫓아 구름 편다.

초가집 지붕 위에 찬 서리 다 덮어도
갈치잠* 드러누워 솜이불에 웃던 얼굴,
반소매 떠난 누나는
솜옷 입고 오려나.

* 비좁은 방에서 여럿이 모로 끼어 자는 잠

그림자

때로는 앞에 서서
때로는 뒤에 서서

평생을 함께하며
앞서거니 뒤서거니

해 떠나 내게로 와서
떨어질 줄 모른다.

친구를 보내는 밤

산그림자 출렁이며 새 하나 날아올라
바람을 앞세우던 미련마저 떨궈지면
'잘 가라' 배웅하는 밤, 서린 달빛 시리다.

꽃등은 어디 두고 잎사귀만 따라가나,
사랑의 만 길 담아 떠나가는 석양 뒤로
꽃 설움 한가득하다, 날지 못한 그 자리.

제4부

내일이 항상 오는 것은 아니다

주름살

갈라져 또 갈라져
쌓아가는 발자국들,

실재하지 않는 것이
흔적은 뚜렷해서

살 깎아 상흔을 새겨
아침마다 보라네.

돼지의 마지막 하늘

얼마 만의 외출인가, 새파란 하늘이다.
흔들리는 차(車) 밖으로 바람이 살랑이면
찌들린 똥감태기도 단내나는 향기다.

저돌(猪突)을 벗겠다고 사금파리 불알 까고
어릿한 피눈물로 지린 멱을 따낼 때도
온몸에 시름을 풀어 씻기우던 저 하늘.

어둠에 사로잡힌 축축한 뒤꼍에서
하늘의 눈물 소리 겹겹이 살 속 들면
쓸쓸히 먼저 간 이가 그리움에 젖어 든다.

몽땅한 꼬리 풀어 떠나는 일모(日暮)에도
'돈 된다' 절을 하며 전해주는 노잣돈을
하늘로 가득 물고서 둥시렇게 웃는다.

솟대의 세월

어깨 위 비틀린 채 시간만 내려앉아
화려한 첫 치장은 기다림에 빛바래고
허공 속 눈길만 남아 그리움에 헤맨다.

얼음꽃

한가을 저녁 햇덧
서러운 살얼음판

중천(中天)에 땅이 꺼져
피지 못한 무서리가

'웃어줘, 나 보러올 땐.'*
눈꽃 되어 말한다.

창밖에 얼음꽃은
목화솜 눈꽃 되어

맑디맑은 영혼으로
살포시 떨어지며

가슴에 송이로 피어
새하얗게 날린다.

* 2022. 10. 29일 이태원 참사로 잃은, 친구의 가장 소중한 딸 '지호'의 묘비엔
'나 보러올 땐 웃어줘.'라고 쓰여 있다.

달이 보낸 전갈(傳喝)

밤바다 둥근 달이 하얀 몸을 드러내곤
썰물에 전갈 보내 내 속살도 보자 한다.
까봐야 숯검댕이 속
누가 볼까 움친다.

땅바닥

살그래 떠받쳐서 우러러 바라본다.
아물지 않은 몸을 짓밟아 지나가도
결국엔 내 앞에서 운다, 저 높다는 하늘까지.

버티며 굳어질 뿐 주저앉은 기억 없어
처절한 몸부림에 쌓이는 응어리는
어느새 차곡히 안겨 고요하게 잠든다.

세상이 철이 들어 희망을 얘기해도
오로지 생명만이 잠이 든 눈 깨워서
뿌리를 아래로 세워 태초의 숨 잡는다.

무수한 굴레 속에 지친 몸 묻어두고
시간이 깎아내는 척박함을 견디면서
무겁게 내리누르는 온 세상을 이고 간다.

광장시장에서

걸쭉한 막걸리에
빈대떡 한 장 펼쳐

꿈으로 살아온 날
깨간장 뒤섞어서

저물녘
나르시즘을
붉은 낯에 던지네.

죽추(竹秋)*의 봄

산야는 푸르른데 대(竹) 홀로 빛을 잃어
누렇게 뜬 턱밑에서 죽순은 날 세우고
새길로 아침 건너와 봄 하늘을 엿본다.

더 높이 다다르려 하늘로 뻗은 걸음,
무심코 내민 발이 균형을 뒤흔들어
허공 속 술렁거리며 고갯짓만 해댄다.

발걸음 잘못 짚어 바람에 흔들려도
휘어진 자취까지 빈방에 한껏 채워
남겨진 미완(未完)의 길을 꿋꿋하게 걸어간다.

* 봄에 누레지는 대나무

수학의 폐단(弊端)

선 그려 길이 찾고
원 그려 각을 찾아

자르고 쌓아 대고
함수 씌워 셈하더니

사람을 보기만 하면
가늠하자 덤벼드네.

성숙(成熟)의 시간

어스름 깨부술 듯 대질러* 부는 바람
온가지 풀어 헤쳐 어여버젓** 뒤흔든다.
한 겹씩 옷을 벗기며 마른 잎을 떨군다.

살어둠*** 시간으로 채색된 미소 걸어
뺨 오른 붉은 빛도 피었다가 못내 진다.
여음(餘音) 속 세월의 향기 가뭇없이 잠긴다.

갈피도 못 잡고서 속절없이 허둥지둥
뒤넘스레**** 으쓱대던 지난 내가 부끄러워
꼭뒤 끝 쭈뼛 선 가을 줏대 없이 던진다.

* 찌를 듯이 대들거나 맞서서
** 충청도 방언. 행동이 거리낌 없이 당당하고 남 보기에 번듯한
*** 매우 약하게 깃들기 시작한 어둠
**** 주제넘게 행동하여 건방진 데가 있게

반추(反芻)

발톱 빠진 염소 하나
양지바른 뜰에 앉아

먹은 풀 게웠다가
허겁지겁 되삼킨다.

구비를 넘나들던 몸
부끄러워 낯이 붉다.

마지막 종이거울*의 미소

사진 속 지난 순간 가만히 들춰보면
고통이 박음질한 시절은 어딜 가고
미소만 햇살 가득히 순간으로 잡혀 있다.

푸르던 어린 시절 흑백으로 스쳐 가고
욕망의 무지개로 피워냈던 한 시절도
일몰로 빛이 바래진 무채색의 거울이다.

셔터 뒤 허상으로 어른대는 엑스트라,
시간의 거울 앞엔 없는 듯 존재(存在)로 서
마지막 주연(主演)의 순간 미소 한 장 던진다.

* 영정사진

꺼진 효심

제 자식 자랑으로 거품 물던 노인들이
꺼지는 가슴 안고 급식소에 줄을 선다.
온종일 울리지도 않는 휴대폰만 쳐다보며.

올빼미의 대리운전

뭇새들 집에 드는 한기 뻗친 밤거리에
가난을 호출하는 신호에 촉을 세워
올빼미 끼니 이으려 불야성(不夜城)을 넘는다.

어긋난 낮과 밤에 발버슴 나선 하루
가속된 불행 끝에 다다른 외딴집 앞
초라한 어깻죽지로 만 근 무게 누른다.

좀체로 익지 않는 수마(睡魔)에 삶을 맡겨
밑 빠진 통장만큼 주름살이 깊어져도
저무는 그믐달 뒤로 새 하루를 딛는다.

아직은 털이 빠져 울분의 밤 지새지만
돋을볕 사무치게 옹골진 뼈를 세워
다시금 힘껏 날리라 어깨깃에 힘준다.

재(燼)

오색 꽃 눈부신 날
흩어진 연기 되어

떠나는 구름 따라
이제는 올라가리.

꽃노을 한 점 끝으로
하늘대는 그리움.

생의 끝 불태우는
마무리 꽃가마를

정열 속 이 한밤에
갈바람에 두르고서

새하얀 절정의 춤사위
영원으로 오르네.

야학(夜學)*의 달밤

각박한 공장 먼지 뒤집어쓴 하루 깎아
석양을 등에 지고 배움으로 향한 길엔
달빛에 졸음을 씻은 눈빛들이 초롱하다.

시린 날 어둠사리 그늘을 버텨내며
살 속에 가시 쌓아 몸통 엮는 전어처럼
비릿한 현실을 감싸 배움 허리 묶는다.

가난이 꿈틀대는 소외된 골방에서
궂은 비 젖어 드는 물살을 끌어안고
어둠을 부수는 꿈길 하늘에선 별이 뜬다.

맨발로 앓는 세월 내일로 위로하며
서로를 끌어안고 돌아가는 골목으로
보름달 휘영청 밝게 가난의 땅 재운다.

* 대규모 아파트 단지가 들어오기 전인 1980년대 초반 노원구 상계동에
  근로 청소년들을 위하여 고려대학교 학생들이 운영하는 야학교가 있었다.

욕심 한 줌의 블랙홀

채워도 차지 않는 마음속 욕심 한 줌,
이성(理性)을 집어삼켜 온정신을 말아쥐곤
질량에 가속을 붙여 블랙홀의 입을 연다.

빼곡히 켜를 채운 지구만 한 덩어리를
한 뼘도 되지 않는 몸뚱이에 욱여넣어
다다른 사건지평선*에서 되돌아갈 길도 없다.

눈이 먼 탐욕의 끝 초대질량 블랙홀이
은하의 모든 별에 추파를 던지면서
양심(良心)별 얼이 빠져서 자리 잃고 헤맨다.

궁수자리 에이(A)별**에 블랙홀이 번쩍이자
찰나를 낚아채려 부엉이들 떼로 몰려
아귀(餓鬼)별 던진 동아줄 앞다투어 삼킨다.

* 블랙홀이 되돌아올 수 없는 지점으로 블랙홀을 감싸 안고 있는 경계면(Event Horizon)
** 은하는 별들이 중심에 가까울수록 특정한 궤도를 따라 훨씬 빠르게 돈다. 은하 바깥쪽에 있는태양은 한 바퀴를 도는 데 2억 년이 걸리지만 52라는 별은 16년이 걸린다. 그 중심에 궁수자리 A별(Sagittarius A)이 있다.

참새 소리를 들으며

하얗게 서리 앉아 침묵 떨군 가을 들녘
입이 싼 참새에게 지청구 멕여봐도
방망이 반드럽기가 삼 년 묵은 박달이다.*

입술에 손 얹어도 수다쟁이 말만 많아
수박이 꿀밤 맞고 김빠지는 시늉일 뿐
잠자리 눈곱만치도 부끄러움 하나 없다.

각성바지 한마디씩 사발에 말을 뱉어
재갈 물린 개 주둥이** 말무덤(言塚)이 낡삭았나,
심금(心琴)을 울리는 소리는 말없이도 와닿는걸.

---

* 방망이~박달이다: 속담. 말을 잘 안 듣고 요리조리 피하기만 하는 몹시 약삭 빠른 사람을 이름.
**주등개산 재갈바위. 예천 지보면 대죽리 '말무덤(言塚)' 이야기가 있다.

봄꿈을 글로 엮다가

잠결에 뒤척이다 꿈틀대는 봄꿈 밟아
물소리 깊은 산에 청정(淸淨)을 읽겠다고
별빛을 허물어트려 실꾸리를 찾는다.

엉켜진 뭉테기에 한 올 살짝 풀어내서
봄 햇살 뽀송하게 얼기설기 엮은 냇물,
실밥을 뽑아내다가 흐르던 물 간데없다.

샛바람 생기 받아 드러난 봄기운에
살포시 봉오리로 꽃향기 올을 풀어
낯설기 보푸라기를 얽어매서 누빈다.

꿈속 봄 그렸어도 마음같이 봄은 안 와
깊숙이 잠겨 있어 찾지 못한 실오리를
내일은 솔기로 꿰어 끝밋하게* 기우리.

* 모양이나 차림새 따위가 매우 깨끗하고 훤칠하게

그대라는 인생으로

그대가 찾아온 날 기쁨 겨워 울었다가
늘어선 길가에서 힘에 부쳐 울었다네.
울면서 행복하였네, 그대라는 이유로.

화살로 지난 세월 나에게도 똑같아서
기뻐하고 슬퍼하며 크게 웃고 울었다네.
그렇게 되돌아가네, 스쳐 가는 이유로.

제5부

길에게 묻는다, 어디로 가냐고

청춘의 소금꽃

불볕의 칼자국을
마른 몸에 아로새겨

한여름 가슴으로
알알이 터진 통곡,

바다는 울고 나서야
소금으로 굳는다.

고인돌을 보며

그 누가 알았을까,
큰 돌만 된다는 걸.

저 바위쯤 되어야만
아파트도 이긴단 걸.

대족장 선돌 무덤은
세월만이 옮긴단 걸.

정선 상유재(桑惟齋)에서

얼굴이 누렇게 뜬
처마 밑 풍선 아씨*

간밤에 비 손님을
가슴에 안았나 봐.

풀어진 옷고름에서
피어나는 심장 하나.

* 풍선초

홍성 안회당(安懷堂)*에서

안회당 앞마당에 쏟아지는 웃비 따라
흥건한 처마 밑이 낙수 소리 요란해도
짙붉은 배롱나무꽃에 그녀 미소 활짝 핀다.

여하정(如何亭) 연못가에 진분홍 수련꽃이
둥근 잎 아름 펼쳐 잉어까지 비 피하자
바잡던 왕버드나무 그녀 따라 편하다.

* 충청남도 홍성군에 있는 조선시대 홍주군의 동헌(東軒)이다. 전체 22칸 규모의 목조로 된 팔작지붕으로 지어진 건물로, 1678년(숙종 4)에 홍주군의 업무를 총괄하는 정사당으로 건립하였다.
홍주목사와 홍주군수가 행정을 집행하는 사무실로 사용되었으며, 1870년(고종 7)년에 동헌을 개축하고 흥선대원군으로부터 안회당이라는 편액을 하사받았다.
안회당이라는 이름은 논어의 '노자안지(老者安之) 소자회지(少者懷之)'에서 인용한 것으로, 노인들과 젊은 사람 모두를 위해 정사를 펼치겠다는 의미이다.
(출처: 두산백과 두피디아)

지리산 아다무락소나무*에서

더 이상 부지(扶支) 못한 자식이란 인연의 끈
끝끝내 끊지 못해 구룡치**에 다다라서
못다 핀 사슬을 풀어 송화(松花) 가득 날리네.

* 애기 돌담 무덤으로, 이 소나무에서 어린 영혼과 이별한 것으로 추정됨.
** 전북 남원시 주첩면과 운봉읍을 잇는 지리산 둘레길에 있는 옛길.

쌀개미*의 노을

쌀개미* 노을 지면 바닷물결 은빛 위로
이태백 놀던 달이 보드레 떠오르고
첩첩이 쌓인 바위는 책장 속에 빠져든다.

구름 낀 신선봉에 변산 바람 푸른 기운
위도의 피눈물로 온새미로 붉게 놀져**
바닷새 포롱거리다 허우룩이 깃 접는다.

앞바다 격포(格浦) 석양 진홍빛 물이 들어
은비늘 자랑하던 무사 안녕 노을공주***가
먼바다 깊은 소망으로 우두커니 홀로 선다.

채석강 놀러 왔다 인어상에 사랑 빌어
소망을 이루고서 눌러앉은 여인네들,
노을빛 뽀오얀 피부에 억시러움 낯설다.

* 채석강의 옛이름
** 1993.10.10일 채석강 앞 위도에서 격포항으로 오던 여객선 서해페리호가 침몰해 292명의 사망자를 낸 비극이 있었다. 사망자 중에 위도주민이 63명으로 이 아픔을 가슴에 묻고 살 수 없었던 주민 200여 명이 위도를 떠났다.
*** 노을공주 인어상 내용: '노을공주는 이곳 격포 앞바다의 석양이 진홍빛으로 물드는 날이면 은빛 비늘을 자랑하며 지는 해를 따라 바닷속으로 자취를 감추곤 한다. 이곳에서 노을공주를 본 사람들은 사랑의 소망이 이루어진다.'

금동미륵보살반가사유상

오른뺨 손가락 끝
생로병사 얹어 놓고

천 년의 생각 잠겨
다다른 깨달음이

찰나 속 미소 하나로
삼매반야(三昧般若) 발하네.

울돌목에서

물머리 좁은 바다 큰 파도 몸부림에
바윗돌 끓어 올라 거친 물결 튕겨내자
남도 끝 귀신이 운다,
청천벽력 우렛소리.

울돌목 회를 돌며 승천하는 용 물살에
망적산 봉우리에 깊고 깊은 용샘 따라
뱃고동 힘차게 울린다,
열셋 척의 승리 소리.

백두산 천지폭포의 눈물*

긴긴 세월 가로질러
한시름 쏟아붓네.

우렁찬 부르짖음
지난날 아픔이여.

내 언제 장백이었나,
백두 천지 눈물인데.

* '장백산폭포'라 불리고 있었다.

해파랑길에서

1. 부산구간

(1) 공룡 발자국 / 해파랑길 1구간 이기대공원*에서

마지막 닿은 바다 공룡가족 끼룩대다
수억 년 날을 세운 언월도(偃月刀)**를 꺼내 들어
갉죽인 발자국 하나 바위 위에 남긴다.

* 이기대(二妓臺)는 1999년 10월경 바닷가 바위에서 공룡 발자국이 발견되면서 이 일대를 정비하여 공원으로 조성하였다.
** 관우가 쓰던 초승달 모양의 칼

(2) 출항 / 해파랑길 2구간 부산 동암항에서

용궁사 목탁 소리 돌무지탑 고개 넘자
갈매기 소란스레 동암항(東岩港) 아침 깨워
빈 배들 꿈을 건지러 먼바다로 나간다.

(3) 바다 갈매기 / 해파랑길 3코스 남사암에서

눈앞에 코발트 빛 선명하게 펼친 바다
갈매기 날갯짓이 꼬리에 꼬릴 문다.
햇살이 노니는 자리로 눈 깜짝할 사이에.

(4) 월출(月出) / 해파랑길 4구간 나사해수욕장에서

보름달 봄을 안고 살포시 다가서서
바다의 가슴 열어 흐벅지게 정을 쏟자
바다가 두 손을 뻗어 슬금슬금 껴안는다.

(5) 햇살의 발걸음 / 해파랑길 부산구간을 걸으며

도시의 아스팔트 허둥지둥 걷던 발도
백사장 해변에선 느려 터진 걸음이다.
햇살로 씻은 걸음은 여유 부릴 때도 안다.

2. 울산구간

(1) 밤하늘 자리잡기 / 해파랑길 5구간 진아해변에서

파도로 펼쳐 놓은 비늘결 저녁 하늘
별빛이 걸어 나와 스스럽게 서성이자
달빛이 둥실 안아서 자리 잡아 앉힌다.

(2) 소똥비알길 / 해파랑길 6구간 솔마루청에서

소 매둔 비탈진 길 솔마루가 물결쳐도
범장골* 드나들던 신선들 어딜 가고
솔잎에 흔들거리는 고래 별만 초롱하다.

* 옛날 범이 서식했다고 하여 일컫는 이곳 외에 범 새끼들의 서식지로 알려진 범무골(울산지방법원 옆)의 이야기가 전해지고 있어, 이 일대가 범들의 본거지였음이 추정되는 곳이다.(울산시 남구 지명사 안내관에서)

(3) 검정 오리 / 해파랑길 7구간 태화강에서

아침에 일어나서 태화강 걷다 보면
자맥질 검정 오리 전어(錢魚)는 잡지 않고
동쪽에 빗금 쳐오는 은(銀) 햇살만 건진다.

(4) 말뫼*의 눈물 / 파랑길 8구간 울산항에서

자갈밭 모래 항(港)에 집안 하나 살린다고
일(1) 달러에 시집을 온 골리앗 큰누나가
울산항 큰애기 되어 당당하게 서 있다.

* 스웨덴 서남부 코펜하겐 근처 도시로 번영하던 조선업이 1986년 조선소 폐쇄라는 몰락의 길을 걸으면서, 당시 세계 최대의 골리앗크레인을 현대중공업에 단돈 1달러에 매각되었다. 2002년 해체된 마지막 크레인 부분이 해체되어 배에 실려 떠나는 과정을 지켜고던 시민들의 아쉬움을 "말뫼가 울었다"로 보도하였다. 현재 말뫼는 외레순다리가 놓아지고, 골리앗크레인이 놓여진 자리엔 건물 몸통이 90도 틀어진 터닝토르소 건물이 들어서 있다.
"말뫼"는 "자갈과 모래"라는 뜻의 이름이다.

(5) 새 아침의 흔적 지우기 / 해파랑길 9구간 일산해변에서

초승달 갈아놓은 새벽녘 백사장에
뜨내기 갈매기가 발자국을 남겨 놓자
바다가 파도를 보내 금세 지워 버린다.

(6) 등산 신발 / 해파랑길 울산구간을 마치며

빗길도 마다않고 온종일 함께한 길,
쓸리는 시간 앞에 묵묵히 앞장선다.
인연에 얽힌 얼굴이 너무나도 낯익다.

3. 경주구간

(1) 강동 화암주상절리 / 해파랑길 10구간

바다도 가을 타서 하늘에 정이 들어
도담한 솜사탕을 파도로 살금 녹여
쪽빛 든 주상절리에 꽃을 피워 전하네.

(2) 문무대왕릉을 바라보며 / 해파랑길 11구간 이견대(利見臺)

'죽어도 용이 되어 왜구를 막으리라'
이견대(利見臺) 올라서서 대왕릉 바라보니
몰아친 동해 물살도 구국정신 못 넘누나.

(3) 쪽빛 몽돌 하나 / 해파랑길 12구간 오류고아라해변에서

열기도 누그러져 흩어진 해변으로
물 나온 몽돌 하나 가슴에 쪽빛 남아
회한만 간직한 채로 파도 보고 서 있다.

(4) 수평선 석양꽃 / 해파랑길 경주구간에서

바다가 하늘 안아 자리 든 입맞춤이
하나된 수평선에 오늘도 한결같아
열정을 석양에 풀어 붉은 꽃을 피우네.

4. 포항구간

(1) 모리국수 / 해파랑길 13구간 구룡포 할머니집에서

갓 잡은 생선 깔아 해산물 모디* 올려
한 냄비 팔팔 끓여 모다** 모여 떠먹는데
칼칼한 국물 바다가 뱃노래로 감친다.

* '모디'가 '모리'로 변화된 듯함.
** 모두

(2) 상생의 손 / 해파랑길 14구간 포항 호미곶에서

상생의 푸른 끝이 저 멀리 아니라고,
이 겨레 따스운 맘 부둥켜 잡으라고,
파도를 풀어 헤치며 우뚝 선 손 말한다.

(3) 바닥짐 / 해파랑길 15구간에서

점심을 먹고 나서 가벼워진 배낭 속에
돌 몇 개 집어넣어 몸가짐을 챙기고서
가벼이 갈 수 없는 길, 마음 다져 업는다.

(4) 힌디기 애기발바위 / 해파랑길 16구간 힌디기에서

선바우 벼락 맞아 몸집은 줄었어도
머리에 쓴 누금 왕관 여왕바위 우뚝해서
애기발 흥덕(興德)한 소원 힌디기*에 가득하다.

* 옛날 노씨(盧氏)가 처음 정착하여 살 때 좀 더 흥하게 되기를 바라는 뜻에서 흥덕(興德)이라 하였는데, 음이 변하여 힌덕, 힌디기로 불렀다고 알려져 있으나, 호미반도는 화산활동으로 발생한 지형으로써 활동 중 화산성분의 백토로 형성이 되어 흰바위가 많아 흰 언덕, 흰덕으로 불렸고, 흰덕에서 힌디기로 변화된 것으로 추정됨.(해설관)

(5) 신항의 파도 / 해파랑길 17구간 영일만신항에서

땀 냄새 밴 바람이 색 잃은 파도 세워
멍드는 신음에도 바위를 때려댄다.
오늘을 이겨 내려고 하늘 향해 뛰는 숨.

(6) 동업자 마중하기 / 해파랑길 18구간 칠포해변에서

갯바위 꼭지 끝에 갈매기들 올라서서
싸늘한 밤을 털며 동살 쪽만 바라본다.
간밤에 바람을 이긴 고깃배를 마중한다.

(7) 또 다른 출발 / 해파랑길 포항구간에서

오늘을 나선 길은 만도리를 향한 출발,
중간의 종착역은 끝이 아닌 시작이다.
고래들 춤추는 길로 새꿈 찾아 나선다.

5. 영덕구간

(1) 바다의 하루 빛 / 해파랑길 19구간 지경리등대에서

먼바다 비늘결이 핏빛으로 붉어지면
만선 꿈 속삭이는 비린내로 가득하다.
햇살로 부두 가득히 절여지는 저 하루.

(2) 월월이청청(月月而淸淸)* / 해파랑길 20구간 노물리마을에서

대보름 청청한 밤 달빛을 깔아놓고
바다로 찾아드는 파도 소리 가락 맞춰
처녀들 월월이청청(月月而淸淸) 소리 춤에 시집간다.

* 국가민속문화재 301호 및 경상북도 무형문화재 제36호로 경북 영덕 노물리마을을 중심으로 전승되는 동해안 일대에 분포하고 있는 대표적 여성놀이로, 주로 정월보름, 이월 보름, 팔월 한가위 등 보름 명절 아낙네들과 시집갈 처녀들이 많이 하였다.
소리와 춤으로 구성되어 있으며, 군무는 일반적으로 '월월이청청'으로 부르고 있으나, '토연노래', '생금생금 생가락지' 등 일정한 가락을 가지고 있는 가무이다.(영덕 월월이청청 보존회 자료)

(3) 물마루 앉아 / 해파랑길 21구간 경정해변에서

갈매기 아침부터 수평선 멀리 나가
바다로 희끗희끗 넘실대는 파도 탄다.
동살 빛 끌어안고서 빤짝이는 대게 꿈.

(4) 충절(忠節) / 해파랑길 22구간 목은이색기념관에서

시구(詩句)* 속 자락 펼친 불사이군(不事二君) 한 조각을
살며시 소리 감아 한세월에 묻어둬도
발자취 바다 너머로 메어오는 속마음.

* 백설(白雪)이 자자진 골에 구르미 머흐레라
  반가온 매화(梅花)는 어늬 곳에 퓌엇난고
  석양(夕陽)에 홀로 셔 이셔 갈 곳 몰나 하노라 / 이색

(5) 달무리로 비친 얼굴 / 해파랑길 영덕구간에서

선잠 깬 멍한 이가 달무리만 바라본다.
달 뒤로 서린 얼굴 고스란히 살아 있어
이제는 눈물 아리게 눈감아도 다가선다.

6. 울진구간

(1) 흔들리는 배 / 해파랑길 23구간 백석항에서

부두에 매인 배는 난바다 가고 싶어
파도가 출렁이자 몸이 쑤셔 안절부절
바다를 마주 선 마음 수평선에 가 있다.

(2) 울진 대풍헌(待風軒)* / 해파랑길 24구간

두 눈을 부릅뜨고 울릉도, 독도까지
구산포 순풍 불기 몇 나절을 기다린다.
수토사(搜討使)** 위풍당당하게 왜바람을 막아선다.

* '바람을 기다리는 집'이란 뜻으로, 조선 후기 울진 구산포에서
  울릉도로 가는 수토사(搜討使)들이 배를 띄우기 전에
  순풍(順風)을 기다리며 항해를 준비하던 곳이다.
** 정기적으로 울릉도에 들어가 왜인을 수색해서 토벌하는 군사

(3) 산포 앞바다 망양정(望洋亭)에서 / 해파랑길 25구간

구름 가득 수평선에 샛바람 새어 나와
바다 등 쓰다듬어 은물결 몰아온다.
어느새 구름 닿을 듯 세찬 파도 철썩댄다.

(4) 연호지(蓮湖池) 왜가리떼를 보고 / 해파랑길 26구간

연꽃 정(亭) 달빛 내려 어락교(魚樂橋) 오고 가도
왜가리 피하느라 물고기는 낙(樂) 모른다.
물고기 즐거운 곳을 왜가리가 왜 가리.

(5) 화마가 쓸고 간 자리 / 해파랑길 27구간

화마가 휩쓸고 간 소나무 산자락을
새봄의 빗줄기가 아슴아슴 쓰다듬네.
희망은 보이지 않아도 움 틔우며 다가선다.

(6) 떠나다 / 해파랑길 울진구간에서

결두어 있는 가슴 마음에 차지 않아
두리번 망설이다 어딘가로 떠나본다.
아직도 알지 못하는 나를 찾아 떠난다.

7. 동해, 삼척구간

(1) 불탄 소나무 앞에서 / 해파랑길 28구간 고포리에서

칼바람 이겨내던 소나무도 다름없어
불타고 부러져서 탄 가지만 잡고 있다.
사철을 꿋꿋이 서도 시린 삶이 아프다.

(2) 오징어 / 해파랑길 29구간 옥원소공원에서

축에도 끼지 못한 발가벗은 몸뚱어리
드넓은 바다 세상 거친 건 똑같아서
가슴에 먹장만 가득 썩은 화만 채웠네.

(3) 해국(海菊) / 해파랑길 30구간 문암해변에서

햇살을 동글 말아 꽃을 피운 그리움이
같잖은 찬 바람을 잎새에 채워 넣고
보랏빛 파도 멍들어 바위 앉아 서 있다.

(4) 세월의 낚시 / 해파랑길 31구간 근덕해변에서

바다로 날아드는 바닷새 날갯짓에
낚싯대 구름 걸어 세월에 드리우자
어린 날 애동대동이* 마침맞게 걸려든다.

* 앳되고 젊게

(5) 삼척 촛대바위 / 해파랑길 32구간 추암해변에서

움트는 동해 기운 촛불로 붉게 밝혀
불굴의 민족혼을 바위에 새겼구나.
영원히 꺼지지 않는 생명력의 화신(火神)아.

(6) 말짱 도루묵 왕* / 해파랑길 33구간 묵호항에서

동해의 푸른 바다 감칠맛이 밀려든다.
알록달록 알 색깔은 있는 자리 달라선가,
피난지 먹었던 묵은 결국 말짱 도루묵.

* 조선 14대왕 선조

(7) 가슴을 연다 / 해파랑길 34구간 망상해변에서

저무는 수평선엔 파도 던진 메아리뿐,
해거름 거뭇거뭇 먹물로 덮는 자리
뵈는 게 하나도 없어 눈을 감고 가슴 연다.

(8) 인정(人情)이 그리움 되어 / 해파랑길 동해,삼척구간에서

굼뉘*도 물러섰다가 때 되면 돌아오듯
인정(人情)도 멀어졌다 그리움에 다가선다.
마음에 쓰린 상처들 듬성듬성 아물며.

* 바람이 안 불 때 치는 큰 파도

8. 강릉구간

(1) 갯바위 / 해파랑길35구간 금진해변에서

깨어져 아물지 못한 벼랑 끝 걸터앉아
실가지 응응대는 기개 찬 풍랑에도
꿋꿋이 꺾지 않는 마음 흰 포말로 맞선다.

(2) 마음은 저물지 않아
　/ 해파랑길 36코스 괘방산 산우에바닷길에서

놀지는 하루 끝에 은빛 머리 펄럭이며
솔 향내 너울 갈라 고개 넘는 새 한 마리,
발길은 저물어 가도 소망 깃을 세운다.

(3) 재생과 생명 / 해파랑길 37구간 정감이마을 등산로에서

아침 해 받아 들고 태양광판 도란도란
꽉 막은 담을 따라 솔잎 깔린 길을 간다.
태초를 따른 에너지에 새 생명은 안 보인다.

(4) 노을 한 폭 / 해파랑길 38구간 남항진해변에서

자욱이 안개 걸린 저물녘 조각배가
노을자락 끌어당겨 남항진에 풀어가며
미완성 수채화 한 폭을 어둠으로 끌고 간다.

(5) 달을 삼킨 바다 / 해파랑길 39구간 순긋해변에서

격랑의 한바다에 몸 굴리는 몽돌 위로
샛별이 시리도록 눈물이 차오르자
달 삼킨 다른 별들이 어깨 말려 보듬네.

(6) 늦가을의 기우(杞憂) / 해파랑길 40구간 영진해변에서

저녁 해 뉘엿대는 바닷가 모래톱에
삼킬 듯 이는 파도 갯바위를 훔쳐 갈까,
갈매기 두 눈 키우며 야윈 발에 힘을 준다.

(7) 갈매기의 저녁 / 해파랑길 강릉구간에서

구름을 스쳐 가는 갈마들이 갈매기들
해 질 녘 노을 불을 가슴에 채우고서
소년이 별 쫓던 자리 줄달음쳐 오른다.

9. 속초, 양양구간

(1) 여명의 하루 / 해파랑길41구간 멍비치에서

붉은빛 감아대는 여명에 끌려 나가
햇살이 튀오르는 돋을볕 물결 보면
하루가 콩닥거리며 파도 위를 달린다.

(2) 겨울바다에 서서 / 해파랑길 42구간 잔교리해변에서

밤바다 불 밝히려 별 한 움큼 뿌려놓자
달빛의 치맛자락 살그미 갉아 놓고
저 멀리 떠난 가치놀 눈시울만 반작인다*.

* 작은 빛이 잠깐 나타났다가 사라지다

(3) 바닷돌 하나 / 해파랑길 43구간 하조대에서

파도가 달려들자, 고개를 숙였다가
돌아선 파도 향해 고개를 쑥 빼고선
아직도 섬이고 싶다 소리 없이 외친다.

(4) 낙산사 종소리 / 해파랑길 44구간 낙산해변에서

멱감고 말리던 볕 바다 끝 가물대자
집집이 피운 연기 뜸 들이는 냄새 난다.
종소리 벌겋게 깔려 마침맞게 감싼다.

(5) 해변의 아침 / 해파랑길 45구간 속초해수욕장에서

흰 등대 밤일 끝나 빨간 등대 불을 켜자
갈매기 출근해서 백사장 걸터앉아
파도가 건네다 주는 햇귀 알을 줍는다.

(6) 정적의 이별 / 해파랑길 속초,양양구간에서

은하수 드리워서 별빛 가득 밤하늘에
별마저 쏟아질 듯 초롱대던 눈망울도
새벽녘 닿은 이별을 정적으로 추스른다.

10. 고성구간

(1) 천학정(天鶴亭)*에서 / 해파랑길 46구간

천학정 누각 넘어 노송 앞 연인 한 쌍
상석에 발 올리고 가도(駕島)**를 바라보며
사랑을 이루겠다고 호바위로 서 있네.

* 정자로 가는 입구 계단에 암각문이 새겨져 있다. "지회선(志懷善)"으로 "선에 뜻을 두고 가슴에 새기다"라는 뜻이다. 옆에는 "애이지기악 증이지기선(愛而知其惡 憎而知其善)"이란 글이 적혀 있다. "사랑하되 그 나쁨을 알아야 하고, 미워하되 그 훌륭함을 알아야 한다"라는 뜻이다.
** 가도(駕島)에 호(好)바위가 있다. 호바위는 남자가 뒤에서 여자를 안고 있는 모양의 바위라고 한다.

(2) 오호리 서낭바위 / 해파랑길 47코스

쥬라기 공룡들이 부화하던 바닷가에
서낭당 향풍(鄕風) 불어 풍어에 무사 빌 듯
바위에 조약돌 붙여 아들 점지 구한다.

(3) 모랫가 갈매기의 아침 / 해파랑길 48코스 남천에서

구름이 떨구고 간 간들바람 한 줄기에
갈매기 아침 넘어 모랫가로 내려와서
수천 년 햇살 스며든 살을 찍어 베어 문다.

(4) 발을 풀며 / 해파랑49코스 거진해맞이봉에서

신발 끈 조금 풀자, 발걸음이 편안하다.
풀어진 빈틈으로 피어난 한가로움,
꽉 맞춘 원칙만으로 평화로운 걸음 없다.

(5) 총이 받친 커피 / 해파랑길 50코스

아침 녘 일출 넘어 전망대로 접어들자
총을 든 병사들이 한 무리 뛰어간다.
마주쳐 걸어가는 이
커피 한 잔 든 평화.

(6) 홀로 된 '같이' / 해파랑길 고성구간에서

왜 혼자 걷느냐고 마을 사람 농(弄)을 건다.
바닷새 귀찮게 보고 사람은 외롭게 본다.
자연에 곁드는 몸은
'같이'이고 '홀로'다.

귀로(歸路)

모든 게 돌아가고, 모든 게 돌아온다.
본래로 돌아가는 석양이 물든 길에
순간은 영원이 되어 사라지듯 다시 온다.

■ 평설

나를 찾아 가는 길
-유성철 시조의 시 정신과 세계-

이 석 규

(사) 한국시조협회 이사장, 가천대 명예교수

Ⅰ. 들어가기

　필자는 얼마 전까지 유성철 시인과 함께 한국시조협회 일을 한 적이 있다. 그의 일 처리는 언제나 신중하고 완벽했으며, 말은 적은데 생각은 깊고 행동은 신속했다. 게다가 그는 항상 겸손하며 성실하여, 한마디로 저절로 신뢰가 가는 사람이었다. 그는 등단한 지 불과 5년 정도밖에 안 되었는데, 어느새 네 번째 시조집을 낸다. 그것만으로도 그가 얼마나 시조 창작에 열심을 다하고 있는 지 알 수 있다.
　그의 작품은 읽을수록 깊이가 있고 사고의 폭이 넓어, 작품마다 정성을 다하고 있음을 알 수 있다. 결코 즉흥적이거나 대충 쓰는 경우는 거의 없는 것 같다. 이런 스타일로는 다작(多作)을 하기가 결코 쉬운 일이 아니다. 그런데도 이처럼 많은 작품을 창작하는 것은 그가 시조 창작에 얼마나 집중, 몰두하고 있는지를 보여주는 증좌일 것이다.

그는 시조의 한 소절이라도 그냥 나오는 대로 쓰는 일이 거의 없어 보인다. 새롭게, 특별하게, 다시 말하면 낯설게 하기 위하여, 비틀고 잡아다니고 압축하기를 쉬지 않는다. 속담이나, 토속적이고 때로는 20세기 초반에나 쓰였을, 많은 어휘들까지 찾아내서 시조의 내용을 더욱 풍성하고 독특하게 하려는 노력을 여러 작품에서 발견할 수 있다. 그는 풍성한 감수성을 가지고 세상을 관찰하기를 즐긴다. 세상의 모든 일에 대하여 관심을 갖고 자신과 관련하여, 특히 자신의 정체성과 관련하여 깊이 성찰하며 나아가 자기화하려 한다.

이 글에서는 그런 작품들을 포함하면서, 그냥 그로서는 평범하게 느낄 만한 작품의 일부를 가려내어 그의 시 정신과 시 세계를 두루 살펴보고자 한다.

Ⅱ. 길 위에서

문학 작품에서 '길'은 예컨대, 시에서는 소월의 '가는 길', 천양희의 '외길', 로버트 푸루스트의 '가지 않은 길'… 등 시에서 뿐 아니라, 문학의 여러 장르에서 상당히 많이 다루어지는 제재다.

유성철 시인의 이 시조집 [감자의 꿈]에서도 특히 '길'을 가장 주요한 테마로 삼고 있으며, 태어나서 이제까지 살아 왔고 앞으로 살아갈, 자신의 인생살이를 하나의 '길'로 인식, 그것을 형상화한 여러 시조작품들이 있고, 마지막 단원에서도 대한민국 전역을, 그리고 '해파랑길'을 실제로 혼자 여러 달을 걸으면서 보고 듣고 느낀 감회를 형상화하고 있다. 그것만 보아도, 길이란 제재가 그의 시조에서 얼마나 많은 의미로 중요하게 다루고 있는지 어렵지 않게 알 수 있다.

여기서는 먼저 인생과 관련되는 '길'로 의미를 부여한 작품들을 먼저 살피고자 한다

1. 인생길

　유성철 시인은 자신이 살아가는 이 세상을 가능하면 바르고, 긍정적 관점으로 파악하려고 노력하며, 살아가는 한평생을 '그러한 길' 또는 '그러한 인생길'로 비유한다.

　가슴을 긁어내는 반백 년이 걸어 나와
　무심히 제 족쇄에 발이 걸려 울었어도
　고개를 꼿꼿이 세운다, 햇살 향해 내일로.

　다르게 디딘 발도 같은 길로 가고 있어
　주변과 어울려서 난 대로 살아간다.
　잘못된 단추는 풀어 하나하나 채운다.

　차디찬 하룻길을 다독여 데워 가며
　옹골진 속을 채워 스스로 여물어서
　한 줄기 즐거움으로 나의 길을 걷는다.
〈나의 길을 걸으며〉

　세상에 한 번 태어나서 주어진 삶이 어렵고 힘들고 꼬이고 헝클어져도, 침착하게 마음을 다스리며 바로잡아, 의미 있는 길, 보람찬 길로 만들어 가고 있다. 화자의 인생에 대한 넉넉함과 긍정적 의지가 참으로 건강한 모습으로 빛나고 있다.

　겨를철 깨어나서 서두르지 말라 해도
　시간을 되새김해 나를 찾아 나서는 길,

오늘은 혹시 만날까 바빠 마음 뒤진다.
〈자기 찾기〉

여기서 화자가 말하는 인생길은 '나를 찾아가는 길'이다. 물론 자신의 정체성을 발견하고 깨달아 가는 과정은 쉬운 일이 아니다. 하루가 아니라 어쩌면 일생을 다해도 오히려 부족할 것이다. 그럼에도 쉬지 않고 그것을 찾아 열심히 달려가는 것은 이 세상을 사는 보람을 찾고, 생명의 참 의미에 다가서는 지름길임을 알기 때문이다. 시의 화자는 그것을 꼭 붙들고 깊이 사유하며 결코 방심하지 않는다. 하늘은 스스로 돕는자를 돕는다고 했던가, 자신의 존재에, 실존에 정성을 다하는 단단함을 엿볼 수 있다.

도린곁 바위짬에
그림자 키를 재며

숨 탄 것 끌어올려
두남두어 뒷뿔치다

끝내는 바스러져도
기대(期待) 앉는 꿈이다.
〈봄 꿈〉

사람이 별로 가지 않는 바위틈을 비집고, 남을 돕는 일로 끝내는 부서져 버린다 해도, 언제나 밝음을 향해 결코 발걸음을 쉬지 않겠다는 것이다. 시인은 현실의 어려움을 대하는 대 긍정의 정신 위에서 자신의 삶의 방향을 잡아가고 있다.

언덕이 살랑이면 어린 마음 부풀어서
품 들여 만든 연을 하늘 날듯 들고 나가
연자새 놨다 감았다 쇠로기를 날린다.

가로지른 귓달 위에 꽁숫달 긋어내려
허릿달 가느소롬 눈썹 끝에 맵시 주면
굵다란 머릿달 잡아 날개 차며 오른다.

얼레를 잡아당겨 한해 복을 끌어오고
일 술술 풀리라고 연실을 늦춰주며
청심(淸心)을 바람에 띄워 하늘 높이 보낸다.
〈솔개를 날리며〉

연날리기의 시연에 온 정신과 기교를 집중한다. 그리하여 완성에 이르기까지의 큰 그림을, 토속적이며 많은 사람들에게 이미 잊혀진 시어를 사용하여, 시조 예술의 맛을 극대화하고자 한다. 그러나 거기서 끝나지 않는다. 연을 날리는 일은 화자의 꿈을, 소망을 붙잡는 일이며, 궁극적으로 맑고 개끗한 마음(淸心)을 이루어 하늘까지, 영원까지 날려 보내고자 하는, 생애의 목적을 이루는 일이다.

비바람 버텨내며
살찌우던 지난날이

이승의 볕내 풀며
하늘길을 넘어간다.

너처럼 향기로울까,

해 저무는 내 끝도.
〈탁자 위 모과를 보고〉

우습기 짝이 없어 요란만 떨던 수레,
회한에 휘감기어 한숨짓는 세상에서
남겨진 새 길을 향해 그 궤적을 새긴다.
〈빈 수레〉 3수 중 둘째 수

탁자 위에 〈모과〉에서는, 스스로를 둥글게 갈고 다듬으며, 곱고도 풍요하게 풍기는 향기를 배우며, 〈빈수레〉에서는 한숨과 회한을 되풀이할 수밖에 없는 세상에서 '오로지 새길을 향해' 하늘까지 날아 넘고자 한다. 그것은 외부의 사물에 대한 통찰에서 깨달은 자신을 향한 탐험이요 천착이다. 화자는 그렇게 새날의 꿈을 향하여 성실한 발자국을 새겨간다. 진지하기 그지없다.

마지막 부르튼 손 받쳐 든 담벼락에
앙상한 몸 비틀려 사리 된 뼈의 언어,
접어둔 말만 남아서
무언(無言)으로 전하네.
〈담쟁이의 면벽(面壁)〉 2수 중 둘째 수

작고 연약하지만, 속으로 근기를 지니고 인고(忍苦)의 생애를 살아가고 있는, 담쟁이가 주는 교훈이다. 흔히 사람들은 말한다. 늙는 게 아니라 익는 거라고, 또는 비웠다고도 한다. 또 사람들은 무심(無心)에, 물아일체(物我一體)에, 선정(禪定)에 들었다는 주장도 한다. 그러나 담쟁이는 말이 없다. 오로지 실제 삶에서 말라비틀어지면서도 쉬지 않고 기어오르는 실체를 보여줄 뿐이다. 시의 화자는 바로 담쟁이의 그것을 전범(典範)으로 삼아, 스스로의 정체성(Identity)을 이루고자 할 뿐이다.

    사진 속 지난 순간 가만히 들춰보면
    고통이 박음질한 시절은 어딜 가고
    미소만 햇살 가득히 순간으로 잡혀 있다.

    푸르던 어린 시절 흑백으로 스쳐 가고
    욕망의 무지개로 피워냈던 한 시절도
    일몰로 빛이 바래진 무채색의 거울이다.

    셔터 뒤 허상으로 어른대는 엑스트라,
    시간의 거울 앞엔 없는 듯 존재(存在)로 서
    마지막 주연(主演)의 순간 미소 한 장 던진다.
                    〈마지막 종이거울의 미소〉

    사진 속의 웃는 얼굴, 그 뒤에 숨은 한 생애 동안의 고통과 욕망을 포함한 애환이 숨어 있다. 이러한 발견은 자신과 세상에 관찰을 넘어선 통찰의 결과로만 얻을 수 있다. 사진 속의 미소는 없는 듯 존재하는 수많은 소망의 몸짓들이 어떠하든지, 허무를 이기고 나로 내 인생의 주인이 되도록 인도하는 미소라는 것이다.

    계절은 늘 이렇게 알아서 꽃피워도
    곁에서 살고 있는 우리는 볼 줄 몰라
    길가에 피어나는 꽃 매번 거듭 새롭다.

    세월 속 제 모습도 먼 곳에 있지 않아

곁으로 다가서는 아름다움 볼 줄 몰라
저물어 익는 향기가 노을인 줄 모른다.
〈무지(無知)〉

무지, 무념(無念), 무감각(無感覺)으로 매번 놓치기만 하는 한계에 갇힌 인간 존재에 대하여, 깨우침의 본질이 무엇인지, 시의 화자는 사자후(獅子吼)로 외치고 있다. 우리가 속해 있는 무지(無知)라는 것의 실체를 알아가는 것이야말로 나에게 가는 길을 찾는 진정한 탐험이요 천착(穿鑿)이라고.

어스름 깨부술 듯 대질러 부는 바람
온 가지 풀어헤쳐 어여버젓 뒤흔든다.
한 겹씩 옷을 벗기며 마른 잎을 떨군다.

살어둠 시간으로 채색된 미소 걸어
뺨 오른 붉은 빛도 피었다가 못내 진다.
여음(餘音) 속 세월의 향기 가뭇없이 잠긴다.

갈피도 못 잡고서 속절없이 허둥지둥
뒤넘스레 으쓱대던 지난 내가 부끄러워
꼭뒤 끝 쭈뼛 선 가을 줏대 없이 던진다.
〈성숙(成熟)의 시간〉

가을이다. 서서히 땅거미가 내려 산등성의 스카이라인이 선명해지는 무렵의 인생이다. 그런 때에 부는 바람은 속으로 깊이 스며들어, 옷을 벗기듯 마른 잎을 떨군다. 이런 시간 고요히 혼자 우주 속에 잠겨 들 때 가벼움, 허둥댐, 으쓱거림 따위를 성찰로 씻어내는 고독의 시간이야말로 성숙의 시간이요, 완숙을 향하는 시간이다. 그것이 시의 화자가 이제껏 찾아 도달하려는 '길', 바로 '인생길'의 형상화요 의미부여다. 유성철 시인은 그렇게 묵묵히 성실하게 자신의 길을 걷는 발걸음을 멈추지 않는다

2. 인생의 험로와 별리(別離)

사람은 누구나 한 생애라는 길을 걸으면서, 소중한 사람, 사랑하는 사람들과의 이별을 반드시 겪고 체험하게 된다. 유성철 시인의 몇몇 작품은 이 일을 심도 있게 다룬다. 특히 인생길 마지막에 맞이하는 죽음이란 특별한 이별에 대하여 깊이 있는 사유(思惟)를 제시한다.

> 떠나는 사람이야 떠남마저 잊겠지만
> 남은 이 마음속엔 영원히 살아 있어
> 외로워 울지 말자고, 슬퍼하지 말자고.
> 〈하얀 이별의 춤사위〉 둘째 수

시의 화자는 하얗게 내리는 눈송이를 바라본다. 저마다 바람에 흩날리는 모습에서 이별의 시간을 의미 있게 시연하는 순결한 춤사위 또는 살풀이를 본다(첫 수). 그리고 이 작품에서는 떠나는 자의 입장보다 아직은 남아있는 사람의 슬픔을 잔잔하게 그려내고 있다.
인생에서 누구나 반드시 겪게 되는 완전한 별리(別離)는 좀처럼 지워지지 않을 상처와 고통을 남긴다. 그리움, 그것은 영원한 상실과 부재에 대한 가장 순정하고 아름다운 아픔이기에, 오히려 감사한 마음으로 소중하게 간직하고자 한다.

처마 끝 허공에서
보름달 시리도록

초겨울 찬바람에
수행 끝낸 몸 보살이

따스한 장국에 담겨
입김 속에 몸을 푼다.
〈시래기 보살〉

  평생 온갖 고난을 참고 견딘 끝에, 마지막 보시로 생을 마치는 시래기 이야기이다. 우리네 어머니를 연상시키는 이 작품은, 모든 상황을 인내하고 헌신하며 끝내 존재 자체까지 희생한다. 시래기, 어머니, 그리고 화자 자신, 나아가 독자에게까지 보살 정신을 투영하고 있음이다.

오색 꽃 눈부신 날
흩어진 연기 되어

떠나는 구름 따라
이제는 올라가리.

꽃 노을 한 점 끝으로
하늘대는 그리움.

생의 끝 불태우는

마무리 꽃가마를

정열 속 이 한밤에
갈바람에 두르고서

새하얀 절정의 춤사위
영원으로 오르네.
〈재(燼)〉

한 생애가 마지막 한 줌의 재(燼)로 변해가는 과정과 그 결과의 처절함을 노래한다. 꽃 노을의 끝, 생의 마지막 한 점을 불태우는 춤사위는 절정에 이르러 훨훨 날아 영원으로 간다. 그렇게 남은 결과는 재 한 줌에 불과하다. 그러나 시의 화자는 생의 마지막을 절대 허무하거나 초라하지 않도록, 영원을 향한 생명의 춤사위를 보여주고 있다. 유성철 시인 다운 인식이다.

차디찬 어둠 속에
제 생을 뒤로한 채

뜨거운 생명으로
우주의 살을 발라

톨 하나 희망을 톺아
나락으로 떨군다.
〈씨앗의 시작〉

생애의 마지막이 재로 변하여 영원에 들기 전, 온 생명의 정채(精

彩)를 모아 새날의 희망과 소망을 벼리한다. 우주의 가장 부드러운 질료로 짜낸 새 생명의 진액 말이다. 그렇게 씨앗은 새로 이 세상에 태어나서 뿌려지는 것이다. 그것은 생명 의지로 형상화된 최후, 최선의 구체물일 터이다.

  이제껏 인생살이를 길을 가는 것으로 비유한 여러 편의 시조들을 살펴보았다. 온갖 어려움을 긍정의 눈으로 견디고 인내하는가 하면, 뼈 아픈 이별도 체험한다. 그런 가운데 시인은 쉬지 않는 성찰과 사유를 통하여 자신의 정체성을 찾고, 스스로의 존재의미를 영원까지 이어 나아가고자 하는 소망과 의지를 볼 수 있었다. 그렇게 시인의 격물치지(格物致知)의 길은 끝이 없다.

3. 어렵고 약한 존재들

눈설레 새 세상에
길 잃은 고양이가

구슬픈 목소리로
창가를 두드리다가

허기진 밤을 깨물며
지친 겨울 넘는다.
〈길냥이의 눈 내린 밤〉

눈이 내려서 쌓이고 차가운 바람이 몰아치는 현실 속에서 고통스럽게 살아가는 길고양이의 삶을 빌어, 우리네 약자의 설움과 고통을 보여준다. 그 대단한 AI시대의 도래에도 변함없이 이기적인 약육강식의 구멍 뚫린 세상을 시인의 양심으로는 고발하지 않을 수 없을 것이다.

…
　저돌(猪突)을 벗겠다고 사금파리 불알 까고
　어릿한 피눈물로 지린 멱을 따낼 때도
　온몸에 시름을 풀어 씻기우던 저 하늘.

　　　…
　몽땅한 꼬리 풀어 떠나는 일모(日暮)에도
　'돈 된다' 절을 하며 전해주는 노잣돈을
　하늘로 가득 물고서 둥시렇게 웃는다.
〈돼지의 마지막 하늘〉의 둘째 넷째 수

　일면 편히 사는 것처럼 보이는 돼지다. 그러나 처참한 생애는 불알을 잃고 끝내 멱이 따지는 수모를 겪는다. 죽음 후에도 그의 삶아진 머리는, 인간의 행운을 비는 노잣돈을 입에 물고 역설적이게도 웃음 짓는 모습으로 연출된다.
　오직 먹고 살기 위하여, 모든 것을 포기하고 길 들여져 살다가, 죽음에 이른 후에도 정체성을 찾지 못한다. 아니 그 자체를 인식조차 하지 못하고 있다. 이러한 어리석고 부족한 약자에 대하여, 현실 세계에 대하여, 그리고 우리 자신의 생의 모습은 어떠한지, 근본적 아이러니를 고발하고 있다. 새삼 실존이라는 '인간다움의 품격'을 성찰하게 하는 절품이다.

　각박한 공장 먼지 뒤집어쓴 하루 깎아
　석양을 등에 지고 배움으로 향한 길엔
　달빛에 졸음을 씻은 눈빛들이 초롱하다.

…
　가난이 꿈틀대는 소외된 골방에서
　궂은 비 젖어 드는 물살을 끌어안고
　어둠을 부수는 꿈길 하늘에선 별이 뜬다.
　　　…

〈야학(夜學)의 달밤〉 첫째, 셋째 수

　어려운 여건 속에서 가난과 고난을 이기며 배우고자 하는 청소년들은 해맑은 열정, 맑은 눈빛으로 허리를 졸라 매고 먼 하늘의 별을 바라본다. 내일을 향하여 찬 바람 휘몰아치는 골목길을 헤쳐나가는 청소년들의 하루하루 생활이 안쓰럽다. 그러나 배우는 사람이나 가르치는 사람이나, 밝은 내일을 기약하는 우리네 젊은이들의 이야기는 밝고 건강하다. 아름답다.
　우리는 인생길에서 이별을, 영원한 죽음을 만나고 체험한다. 그리고 우리 주변에서, 아니 화자 자신의 현재와 과거에서, 우리는 말할 수 없는 고통과 난관을, 좌절과 경우에 따라서는 세상이 무너져 내리는 절망을 맛본다. 그러나 그것은 어떤 경우도 밝은 미래를 향하여 나아가는 과정이요, 필요 불가결한 영양가 높은 커리큘럼이다.
　인생은 '나를 찾아가는 길'이라는 시인의 가치관은 이처럼 빛나는 예지를 놓치지 않는다. 긍정과 믿음이라는 바탕 위에 안정되게 자리하고 있다.

4. 인간의 지각과 의사소통 수단

백옥반 우리 아기
웃는 얼굴 그린다고

눈 먼저 그렸더니
자꾸 말을 걸어온다.

눈 감아 재우고서야
달 덩어리 그리네.
〈나중에 그린 눈(眼)〉

눈은 사물을 수용하는 첫 관문으로 가장 선명하고 구체적 인식을 가능하게 한다. 그러나 너무나 선명한 인상 때문에 의식이 표면에만 머물고, 그 속의 깊이와 뒤에 숨어 있는 내력은 알기 어렵다. 달(사람, 아름다운 모든 것)의 아름다움과 가치에 대하여, 눈의 관찰이 아니라, 마음의 성찰 뒤에야 깊이 숨은 진실에 대한 앎에 이를 수 있는 것이다. 화자는 이러한 진실을, 달을 그리는 순서 하나로 간단하게 형상화하고 있다. 놀라운 기량이다.

하얗게 서리 앉아 침묵 떨군 가을 들녘
입이 싼 참새에게 지청구 먹여봐도
방망이 반드럽기가 삼 년 묵은 박달이다.

입술에 손 얹어도 수다쟁이 말만 많아
수박이 꿀밤 맞고 김빠지는 시늉일 뿐
잠자리 눈곱만치도 부끄러움 하나 없다.

각성바지 한마디씩 사발에 말을 뱉어
재갈 물린 개 주둥이 말무덤(言塚)이 낡삭았나,
심금(心琴)을 울리는 소리는 말없이도 와닿는걸.
〈참새 소리를 들으며〉

앞에 예시된 여러 편의 시조에서 나타난 바와 같이, 유성철 시인의 언어는 참으로 재미있고 또 어렵기도 하다. 우리의 부모님 시대에나 유행하던 숨어 있는 어휘들을 찾아내어 시조 작품의 적절한 자리에 배치해서 새로운 가치로 부활시킨다. 그것을 위하여 예스러운 속담을 등장시키는 것도 주저하지 않는다. 김유정이 소설 〈동백꽃〉이나, 백석의 시집 〈사슴〉에 나오는 많은 향토적 또는 예스러운 어휘들이 수십 년이 지난 오늘에 되살아나는 것과 비교가 된다.

약삭빠른 참새 소리는 말만 많아 시끄러울 뿐이지 실속은 없다. 그런 말들은 말무덤 속에 죽음으로 갇혀있지만, 우리의 심금을 울리며 다가서는 것은 오히려 소리는 없이 울림을 주는 언행이다. 화자는 '소리 없는 말(행동 따위)'의 진정한 가치를 소중히 여긴다. 그것을 이 작품에서 또 다른 여러 작품에서 비판과 풍자를 통하여 울려주려고 애쓰고 있다.

선 그려 길이 찾고
원 그려 각을 찾아

자르고 쌓아 대고
함수 씌워 셈하더니

사람을 보기만 하면
가늠하자 덤벼드네.
〈수학의 폐단(弊端)〉

인간이 의사소통하는 방식은 언어 말고는 수(數)뿐이다. 수학은 원래 수와 형상의 언어다. 수학은 따지고 밝히며, 계산과 논리로만 접근하는 유희다. 상상력과 창의력도 반드시 필요하지만, 접근과

전개 과정은 반드시 논리를 따라야 한다. 그리고 그 종착지는 정답이다. 이는 인간사의 거의 모든 분야의 발전에 기반을 이룬다. 그러나 수학에는 '인간'이 없다. 그것이 깊어질수록 감성과 영성(靈性) 그리고 따뜻함, 부드러움이 없어진다. 당연히 용서와 사랑도 있을 수 없다. 치명적 폐단이다. 반드시 인문·사회과학과의 통섭 또는 융합이 필요하다.

이 엄청난 추상적 형이상학을 단지 단시조 한 수로 멋지게 형상화한 사고와 언어적 기량이 놀랍다. 이상에서 유성철 시인은 감각과 표면적 말과 논리 외에, 이를 테면 이심전심(以心傳心) 또는 불립문자(不立文字)가 주는 울림의 소중함을 일깨우고 있다.

5. 동행과 교감

끝까지 온몸으로 부둥켜 덮고 있다.
모든 걸 주고 나서 말라가는 저 고운 빛,
평생을 하나만 아셨던
마지막 꼭 당신 모습.
〈낙엽〉

오직 나무의 본체만을 위하여 모든 것을 다 바친다. 그렇게 여위어가다가 스스로 떨어져 나와 구르며, 바짝 메마른 형상으로 나무 주변을 덮어준다. 마치 자식을 낳고 생명이 다하기까지 헌신과 희생으로 키우시고 떠나가신 어머니를 닮았다. 감정을 간곡히 이입(移入)하여 낙엽의 일생을 기리고 있다.

산 그림자 출렁이며 새 하나 날아올라
바람을 앞세우던 미련마저 떨궈지면

'잘 가라' 배웅하는 밤, 서린 달빛 시리다.

꽃등은 어디 두고 잎사귀만 따라가나,
사랑의 만 길 담아 떠나가는 석양 뒤로
꽃 설움 한가득하다, 날지 못한 그 자리.
〈친구를 보내는 밤〉

그가 떠나는 날, 산의 그림자가 출렁거렸다. 배웅하는 달빛은 시리고, 설움은 하늘에 가득 찼다. 회자정리(會者定離)라지만 지란지교(芝蘭之交)와의 이별은 마음을 가누지 못하게 하는 슬픔이 있다. 그 길이 돌아오지 못할 길이라면 더욱 가늠할 수 없을 것이다.

그대가 찾아온 날 기쁨 겨워 울었다가
늘어선 길가에서 힘에 부쳐 울었다네.
울면서 행복하였네, 그대라는 이유로.

화살로 지난 세월 나에게도 똑같아서
기뻐하고 슬퍼하며 크게 웃고 울었다네.
그렇게 되돌아가네, 스쳐 가는 이유로.
〈그대라는 인생으로〉

인생이란 길은 만남과 헤어짐으로 점철된다. 아무리 고독을 좋아하고 그 매력에 빠져 사는 사람일지라도, 따지고 보면, 만나고 교감하고 헤어지는 일에 고독을 훨씬 뛰어넘는 의미를 둔다. 여기서 그대는 사람이 아닐 수도 있다. 화자는 그것을 구태여 구체화하지 않는다. 변죽만 울릴 뿐이다. 그렇다 해도 그대와 함께하는 일이 때로는 넘쳐서 또는 모자라서 웃고 운다. 그대가 떠난 뒤, 화자는 또 홀로 웃고 울면서 그대를, 자신을 읊고 있다.

   때로는 앞에 서서
   때로는 뒤에 서서

   평생을 함께하며
   앞서거니 뒤서거니

   해 떠나 내게로 와서
   떨어질 줄 모른다.
        〈그림자〉

결코 나에게서 떨어지지 않는 것, 절대로 놓을 수도, 잊을 수도 없는 화자의 꿈, 기질, 정체성 같은 것, 처음부터 끝까지 동행하는 것의 존재에 대한 인식이요 깨달음이다. 사람마다 많은 그림자가 있을 것이다. 그 무게와 소중함은 슬쩍 감추고 있다.

   파도가 쓸고 지난
   이른 아침 백사장에

   한 줄로 남기고 간
   누군가의 발자국을

   내 마음 따라 걷는다,
   그대 혼자 아니라고
        〈해변의 동행〉

다시 말하지만, 인생을 산다는 것은 길 위를 걷는 길손으로 시작해서 길손으로 끝난다는 것이다. 동행과 교감의 대상은 동시대의 사람이 대상이지만, 때로 같은 길을 가면서, 앞서 간 사람의 진실에 공감을, 뒤에 올 사람에 용기와 위로를 주는 정신적 동행의 기쁨 또한 소중하다. 시대가 달라서 만날 기회가 없지만, 같은 길을 가는 이 끼리의 동병상련의 정을, 그 가치를 누리는 것이다. 퇴계 선생의 시조 "고인도 날 못 보고…"의 운명적 사명과 진정성을 느끼게 해 준다.

6. 길에서 만난 서정

1. 길 위에서

가지를 드리운 끝
물주름
닿을 듯 말 듯

햇살 핀 꽃잎 속살
그림자
떨굴 듯 말 듯

아흐레
굵은 물고기
유혹하고 서 있다.

〈능수벚꽃〉

벚나무가 버들가지처럼 늘어져 물 위에 닿을 듯하다. 능수벚꽃이다. 늘어진 가지 위로 하얗게 햇살을 받고 있는 꽃잎의 속살, 사흘의

세 배나 되는, 아흐레 굶은 물고기가 치고 올라 따먹기라도 할 듯하다. 아슬아슬하다. 유머와 이미지가 청신하다.

   색색깔 치장하고
   들에 모인 가시내들

   구름이 지휘하는
   햇살의 교향악에

   한가을
   바람 붙들고
   왈츠춤이 한창이다.
         〈코스모스 춤사위〉

시각과 청각을 넘나들며 색채와 소리가 혼연일체가 되어 구름, 햇살, 바람… 이 코스모스 무리와 어우러져 이루어내는 공감각적 분위기가 사뭇 낭만적이다.

   아스라이 물 떨굴 듯
   마알간 쪽빛 하늘

   한여름 도라지가
   가슴 째어 물감 푼다.

   한(恨) 맺힌 에메랄드빛
   하늘 향해 쏟아낸다.
       〈한풀이〉

우리네 하늘은 맑고 투명함의 극치다. 그 에메랄드빛 하늘에 도라지가 가슴을 찢어 한 맺힌 보라빛 진액을 풀어 놓는다. 수채화 같은 색채의 조화, 그 극치에서 우리네 한이 스르르 풀어지는 짜릿함을 느낀다.

촉촉한 한여름 밤
빨간 놀도 검기울어

어스름 별 사이로
개똥벌레 왔다 갔다

뒤쫓던 어린 시절이
내 맘속을 뒤 훑네.
〈개똥벌레〉

유성철 시인의 동경하는 유토피아는 그의 서정적 마음속에 살아 있다. 이 작품은 바로 어린 시절의 꿈같은 정경을 재현함으로써 시의 화자가 그리고 찾고자 하는 유토피아의 모형을 제시하고 있다. 그것은 또한 화자가 애써 찾아가는 길의 또 하나의 목표지점이기도 하다.

Ⅲ. 명승고적을 찾아서

유성철 시인은 전국의 명승고적을 찾아 유람하면서 우리의 자연과 향토적 또는 토속적 삶의 모습이나, 문화와 역사의 현장을 소재로 한 시조 작품으로, 이 시조집 [감자의 꿈]의 마지막 단원을 마련

하고 있다. 그중에 '해파랑길'을 소재로 한 55편의 기행시조와, 그 밖에 다른 지역의 명소를 답사하고 쓴 주옥 같은 작품 9편이 더해져 있다.

그의 기행 시조는 홀로 유랑하는 나그네의 외롭고 쓸쓸한 정조와, 동시에 낭만적 여심(旅心)에 따르는 설렘, 기대, 반가움과 놀라움 등 많은 생각과 느낌을 반영하고 있다. 여행한다는 것은 '길'을 가는 것이므로, 앞의 여러 시조 작품들에서 살펴보았던 '인생의 길'에 연결되는 묵상과 사유의 진정이 깊고 넓게 담겨져 있다.

1. 해파랑길에서

해파랑길은 우리나라 동서남북을 잇는 코리아 둘레길 중 동해안 구간으로, 부산 오륙도 해맞이 공원에서부터 강원도 고성 통일전망대에 이르기까지 이르는 750km의 도보 여행길이다. 동해의 상징인 "떠오르는 해"의 '해'와 푸른 바다색인 '파랑' 그리고 "와 함께"라는 의미의 조사 '랑'을 조합하여 만든 합성어인데, 전체 10개 구간 50 코스로 이루어져 있다.(지식백과 참조)

시인은 이름도 낭만적인 해파랑길을 거닐면서, 각 구간과 코스마다 아름다운 정경(情景)과 명승고적(名勝古跡)을 만나고, 마을마다 현재 또는 과거의 생활 모습과 삶 속에 녹아 있는 세시풍속을 비롯한 설화, 전설 그리고 그들의 애환을 애정어린 눈길로 바라본다. 아울러 그 모든 것에 대한 동경과 소망의 꿈을 새기면서, 만나는 하나하나를 정성껏 시조로 형상화하고 있다. 모두 55 편이데 그 중 극히 일부만 살피기로 한다.

용궁사 목탁 소리 돌무지탑 고개 넘자
갈매기 소란스레 동암항(東岩港) 아침 깨워

빈 배들 꿈을 건지러 먼바다로 나간다.
〈출항〉

해파랑길 입새인 부산 동암항에서 여러 척의 빈 배들이 '꿈을 건지러' 먼바다로 출항하는 모습은, 해파랑길 걷기를 이제 막 출발한, 역시 꿈을 건지고자 하는 길손의 마음과 다르지 않을 것이다,

아침에 일어나서 태화강 걷다보면
자맥질 검정오리 전어(錢魚)는 잡지 않고
동쪽에 빗금 쳐오는 은(銀) 햇살만 건진다
〈검정 오리〉

굼뉘도 물러섰다가 때 되면 돌아오듯
인정(人情)도 멀어졌다 그리움에 다가선다.
마음에 쓰린 상처들 듬성듬성 아물며.
〈인정(人情)이 그리움 되어〉

아침 일찍 은빛 햇살이 빗금 긋듯 쏟아지는 태화강가를 걸으면서 쏟아지는 은햇살을 받으며 부지런히 자맥질하는 검정 오리의 모습에 출발시점부터 심취한다. 아무리 큰 파도라도 물러갔다가 때가 되면 반드시 저절로 밀려온다. 그것을 보며 화자는 인간의 만남을 그린다. 때로 멀어져 가기도 하고 그리우면 다가서기도 한다. 그러는 동안에 인간은 여기저기가 부분적으로 치유되기도 하고 성숙하기도 하는 것, 그것이 인생이란다. 의지 없어 보이는 나그네 시인은 빛나는 눈으로 끝없이 살펴보고 끝없이 깨우치며, 성숙한 마음을 단단하게 다지기를 쉬지 않는다.

'죽어도 용이 되어 왜구를 막으리라'
이견대(利見臺) 올라서서 대왕릉 바라보니
몰아친 동해 물살도 구국정신 못 넘누나.

〈문무대왕릉을 바라보며〉

두 눈을 부릅뜨고 울릉도, 독도까지
구산포 순풍 불기 몇 나절을 기다린다.
수토사(搜討使) 위풍당당하게 왜바람을 막아선다.

〈울진 대풍헌(待風軒)〉

아침 녘 일출 넘어 전망대로 접어들자
총을 든 병사들이 한 무리 뛰어간다.
마주쳐 걸어가는 이
커피 한 잔 든 평화.

〈총이 받친 커피〉

  예로부터 왜구의 침략과 행패는 헤아릴 수 없었다. 오죽하면 삼국을 통일한 문무대왕께서 동해바다의 신(神)이 되어 왜국으로부터 나라를 온전히 지키겠다는 거룩한 충혼으로 그를 해저에 장사지내게 했을까! 또한 수토사(搜討使)들은 울릉도와 독도를 지키기 위해 때마다 순찰돌기를 쉬지 않았던 것이며〈울진대풍헌〉, 오늘은 남북이 갈려 우리의 청년들이 휴전선을 지키기에 여념없지 않은가〈총이 받친 커피〉.

  예나 이제나 나라를 지키던 우리의 선조들, 그리고 군인들의 애국충정으로 우리가 이렇게 행복을 누리며 살고 있다는 것을 새삼 되새기게 된다. 그리고 저절로 국토를 사랑하는 마음과, 우리가 선조들에 속한 일부라는 변함없는 사실을, 그 정체성을 해파랑길을 유랑하는 화자의 작품을 통해 새삼 실감으로 느낄 수 있다.

    왜 혼자 걷느냐고 마을 사람 농(弄)을 건다.
    바닷새 귀찮게 보고 사람은 외롭게 본다.
    자연에 곁드는 몸은
    '같이'이고 '홀로'다.
                    〈홀로 된 '같이'〉

    신발 끈 조금 풀자, 발걸음이 편안하다.
    풀어진 빈틈으로 피어난 한가로움,
    꽉 맞춘 원칙만으로 평화로운 걸음 없다.
                    〈발을 풀며〉

    곁두어 있는 가슴 마음에 차지 않아
    두리번 망설이다 어딘가로 떠나본다.
    아직도 알지 못하는 나를 찾아 떠난다
                    〈떠나다〉

    사람들은 화자가 혼자 걷는 것이 이상하단다. 우리는 끊임없이 사람들과 교감하고 희로애락을 나누며 함께 살아간다. 실제로 우리는 함께 살아가는 것이다. 그러나 그 속에서 나의 길은 오직 나혼자 갈 뿐이다. 그러니까 혼자 걷는 것이다. 여럿이서, 또는 혼자서 걷는 것이다. 그것이 인생길이다. 오직 목표만을 향하여 달음질하는 것이 아니라, 하늘도 보고 바다도 바라보면서, 때로는 신발 끈을 풀어 쉬기도 하면서 그렇게 가는 것이다. 그런 가운데 길손으로서 시의 화자는 분명하게 밝힌다. 결국은 나를 찾아 나의 길을 가는 것이라고. 많이 아는 것 같은 데 실은 아직도 잘 모르겠는 '나'의 길을.

모든 게 돌아가고, 모든 게 돌아온다.
본래로 돌아가는 석양이 물든 길에
순간은 영원이 되어 사라지듯 다시 온다.

〈귀로(歸路)〉

그리고 시인은 한마디 덧붙인다. 모든 게 돌아가는 것이고, 돌아가는 모든 것은 돌아오는 거라고. 순간은 영원이 되어, 그리고 영원은 끝이 없을 것 같지만 다시 돌아오는 것, 그렇기 때문에 끝이 없는 거라고. 그렇게 우리는 귀로에 서게 되는 것이라고.

이순(耳順)을 넘어선 유성철 시인은 지금까지 살펴 본 〈해파랑길에서〉라는 제목으로 해파랑길 전 구간을 혼자 걸으며 각 구간마다 4-8편씩 모두 55수의 단시조를 창작하였다.

2. 천지 폭포의 눈물

해파랑길 외에 우리나라의 다른 지역 명소를 여행하며 감회를 쓴 명시조가 9편이 더 있다. 그 중 일부를 살피기로 한다.

쌀개미 노을 지면 바닷물결 은빛 위로
이태백 놀던 달이 보드레 떠오르고
첩첩이 쌓인 바위는 책장 속에 빠져든다.

구름 낀 신선봉에 변산 바람 푸른 기운
위도의 피눈물로 온새미로 붉게 놀져
바닷새 포롱거리다 허우룩이 깃 접는다.

앞바다 격포(格浦) 석양 진홍빛 물이 들어
은비늘 자랑하던 무사 안녕 노을공주가
먼바다 깊은 소망으로 우두커니 홀로 선다.

〈쌀개미*의 노을〉 네 수 중 삼수

책을 쌓아놓고 문향(文香)을 피우는 듯한 채석강의 정경, 바로 그 앞바다에서 일어났던 페리호 침몰의 슬픈 사고를, 노을공주 설화와 함께 묵상한다. 은빛 비늘을 반짝이며 바닷속으로 자취를 감추곤 한다는 인어공주상에 사랑을 비는 소박한 여인네들의 실제 이야기와 함께, 과거에서 현재에 이르는 채석강의 애환을 나그네인 시의 화자는 전설처럼 유정하게 풀어내고 있다.

물머리 좁은 바다 큰 파도 몸부림에
바윗돌 끓어 올 라 거친 물결 튕겨내자
남도 끝 귀신이 운다,
청천벽력 우렛소리.

울돌목 회를 돌며 승천하는 용 물살에
망적산 봉우리에 깊고 깊은 용샘 따라
뱃고동 힘차게 울린다,
열세 척의 승리 소리.

〈울돌목에서〉

명량, 그 좁은 해협에서 우렛소리를 지르며 바윗돌까지 뒤집어 엎을 듯 몸부림치는 물결이 장관이다. 그것을 이용하여 겨우 열세 척으로 열 배가 넘는 133척이나 되는 왜군을 물리쳐 정유 재란 후 일거에 해상권을 장악한, 너무도 자랑스러운 충무공의 우국충정,

그리고 신들도 탄복할 지혜와 용기를 생각하며 화자는 울컥 감회에 젖는다.

긴긴 세월 가로질러
한시름 쏟아붓네.

우렁찬 부르짖음
지난날 아픔이여.

내 언제 장백이었나,
백두 천지 눈물인데.
〈백두산 천지폭포의 눈물〉

이 나라의 건국 후 여러 천년 동안 우리의 땅이며, 이나라 건국의 뿌리요, 정신적 지주인 백두산 그 천지폭포에서, 시의 화자는 장백폭포라고 이름을 빼앗긴, 지울 수 없는 치욕에 대한 울분을 삭이고 있다. 우리 국토에 대한 사랑, 민족정기의 훼손을 아파하는 이 땅의 시인의 진솔한 양심이 빛나고 있다.

그의 시조들에는 먼저 낭만적 여심(旅心)과 함께 한가하고 자유롭다. 그러나 또한 고독과 아픔 등의 서정(抒情)에, 그리고 시정(詩情) 설레는 배가번드의 모습을 볼 수 있다. 자연의 경관에 취하고 지역이나 명승고적(名勝古跡)이 품고 있는 내력과 전설에, 낭만적 감수성이 초롱초롱 빛나기도 한다. 나아가 민족의 정체성과 애국충정이 가득 넘치기도 한다. 그런 가운데, 자신의 내면을 성찰하고, 현재와 앞으로 나아가는 길에 대하여 그 어느 때보다도 성찰의 시간을 누리고 있음을 그의 시조 곳곳에서 볼 수 있다

"Ⅱ.길 위에서"의 '길'과 "Ⅳ.해파랑길에서"의 '길'은 같은 길이면서

도 다르다. 앞의 것은 심리적 측면이 상대적으로 강조된 것이라면, 뒤의 것은 구체적인 해파랑길 등을 실제로 걸으면서 보고 듣고 느끼고, 사유, 성찰한 바를 썼다는 점에서 다르다고 할 수 있다. 그러나 그 길이 모두 인생을 향하고, 화자 자신의 진아(眞我)를 지향하고 있다는 점에서는 같다고 볼 수 있다.

Ⅳ. 맺음말

이제까지 유성철 시인의 시조집 [감자의 꿈]에 실린 시조의 일부를 살펴 보았다. 그의 시조작품에 나타난 시 세계와 시인으로서의 특성을 다음과 같이 요약할 수 있을 것 같다.

유성철 시인은 시조 쓰기에 열심을 다한다. 집중하며 몰두한다. 시조를 쓰기 위하여 어떤 수고도 결코 피하지 않으며, 기꺼이 감내한다.

그는 사색의 사람이다. 한 편의 시조를 창작함에 반드시 새롭고 살아 있는 생명을 불어넣으려는 열망이 타오르고 있음을 볼 수 있다. 작은 소절 하나라도 소홀히 넘어가는 법이 없다.

그는 인생에 대하여 뚜렷한 소신을 갖고 있다. 그것은 삶의 이유, 목적, 방법에 대하여 끊임없이 사유하고 천착하는 데서 이루어지는 것 같다. 그것은 언제, 어디서, 그리고 무슨 일에서든지 밝고 정대하며 긍정적 속성을 찾아내고 그것을 면화하기에 주저함이 없다. 예컨대, 삶의 길에서 마주하는 이별이나 고난 고통에 대하여 그것이야말로 자아의 성장과 진실을 위하여 예비된 연단의 과정으로 받아들인다. 이러한 일들은 그로 하여금 관찰하고 성찰하며 격물치지하는 습성으로 이어지며, 결국 자신을 깨우치고 발전시키는 동력이 되는 것으로 보인다.

유성철 시인은 의지나 인내 못지 않게 풍부한 감성과 섬세한 감수성을 지니고 있다. 그리하여 서정적이며 심미적 감각과 세련미를 창출하는 동시에 따뜻한 인간미, 인간애를 느끼게 해준다.

그는 언어능력에 상당한 자질을 지니고 있다. 보통 사람들이 사전 없이는 알기 어려운 향토적이거나 고풍스러운 어휘를 상당히 많이 알고 시용하고 있다는 점에서 확인 된다. 그러나 다음의 문제에 큰 관심과 노력을 기울이기를 권하고 싶다.

작품 형상화 과정에서 새롭게, 독창적 의미를 부여하는 것은 그의 장기(長技) 중에 장기이다. 그러나 그것이 자연스럽지 못하거나 난해하게 느껴지지 않도록 그것을 완전히 내면화하고 녹여서 저절로 우러나게 할 필요가 있다. 그리하여 시조가 아주 쉽게 느껴지면서도 읽을수록 새로운 맛이 우러나는 시조작품을 창작하기 바란다. 많은 독자들의 사랑과 존중을 받는 위대한 시인이 되시어 우리 시조단의 발전에 큰 업적을 남길 것으로 믿으며 건투를 빈다.

감자의 꿈
유 성 철 시조집

1판 1쇄 발행		2025년 6월 30일
펴낸이		고봉석
편집자		윤희경
디자인		고우정
펴낸곳		이서원
주소		경기도 성남시 분당구 중앙공원로17. 311-705
전화		02-3444-9522
팩스		02-6499-1025
전자우편		books2030@navercom
출판등록		2006년 6월 2일 제22-2935호
ISBN		979-11-89174-40-8

ⓒ 2025 유성철
이 책은 저작권법에 따라 보호받는 저작물이므로 무단전재와 무단복제를 금합니다
이 책 내용의 전부 또는 일부를 이용하려면 저작권자와 이서원의 서면동의를 받으셔야 합니다